余映潮 谈 阅读教学设计

余映潮 / 著

中国人民大学出版社
·北京·

目录

序·有一种教学能力叫"发现" / 1

1. 充分认识教材的作用 / 7
2. 利用教材的基本理念 / 10
3. 好课要做到"两个充分" / 13
4. 好课要落实"两个注重" / 15
5. 好课要关注"两个着力" / 17
6. 好课要追求"两个丰富" / 19
7. 好课要崇尚"两种训练" / 22
8. 好课要做到"两个讲求" / 24
9. 教学创意讲究"实" / 26
10. 教学创意讲究"新" / 29
11. 教学创意讲究"精" / 32
12. 教学创意讲究"美" / 35
13. 教学创意讲究"活" / 38
14. 教学创意讲究"丰" / 40
15. 教学创意讲究"趣" / 43
16. 教学创意讲究"雅" / 46
17. 什么是教材处理 / 48

18. 教材处理的重要前提 / 51

19. 教材处理的关键是"选点" / 53

20. 设计课文的整体阅读教学 / 56

21. 多角度整体反复 / 58

22. 引导学生进行"文意把握" / 60

23. 论析文章的结构 / 63

24. 什么是教学思路 / 65

25. 简说"板块式"教学思路 / 68

26. 美妙的"主问题" / 71

27. 追求提问设计的高层境界 / 74

28. 活用课文 / 76

29. 巧用课文 / 78

30. 长文短教 / 80

31. 短文细教 / 82

32. 趣味教学 / 85

33. 一课多篇 / 87

34. 把浅显的课文教得深厚一点 / 90

35. 把繁难的文章教得浅显一点 / 92

36. 充分利用浅易课文的教学资源 / 94

37. 引导学生美读课文 / 97

38. 什么是"课中活动" / 100

39. 语文实践活动的设计要领 / 102

40. 利用课文的"部位"进行精读训练 / 105

41. 利用"段"进行"读"的训练 / 108

42. 利用"段"进行"说"的训练 / 110

43. 探求朗读指导的角度之美 / 112

44. 以朗读带动品析 / 115

45. 让学生的活动一举多得 / 118

46. 把力量用于语言学用的教学 / 120

47. 语言学用的资源无处不在 / 123

48. 语言学用的实践机会重在课堂 / 126

49. 课文集美 / 129

50. 课中比读 / 131

51. 课文联读 / 133

52. 美点品析 / 137

53. 把短课文用好 / 140

54. 创造新颖实用的语言学用课型 / 143

55. 做好课始的教学铺垫 / 146

56. 字词教学角度的创新 / 149

57. 成语教学八法 / 152

58. 句式的学用与品析 / 155

59. 段式学用训练 / 158

60. 语感训练的新角度 / 161

61. 巧用"变形"手法 / 163

62. 由一篇知一类 / 166

63. 顺势增加课中积累 / 169

64. 训练概括能力的妙法 / 172

65. 训练分析能力的多种角度 / 175

66. 科学地训练学生品词论句的能力 / 178

67. 关注学生思维能力的训练 / 181

68. 训练学生的阐释能力 / 184

69. 训练学生文学欣赏能力的基本要求 / 187

70. 作品欣赏教学中的"突现一个点" / 190

71. 作品欣赏教学中的"牵动一条线" / 192

72. 腾一点时间用于"写" / 195

73. "写"在阅读教学中的美妙运用 / 198

74. 用"写"来降低教学的难度 / 200

75. 阅读教学中的微型写作 / 203

76. 加大学习方法指导的训练力度 / 205

77. 灵活运用教学策略 / 207

78. 克服弱点,优化细节 / 210

79. 在教学中穿插一点文人雅语 / 212

80. 提高教师教学语言的质量 / 214

序

有一种教学能力叫"发现"

这本小册子，字数不是很多，但我写作的时间很长，一共写了六年。这些文字曾经在首都师范大学主办的《中学语文教学》杂志上连载。

书中所有的"例谈"，都出自我自己的教学实践，特别是我在教学中的"发现"。在教学研究中，"发现"二字很少进入我们的视野，更别说被用来评价优秀教师的教学教研能力。于是，在日常教学中，单调重复的、照本宣科式的教学现象大量存在。其实，学科教学本身就带有对教师研究能力的考验，发现能力应该是教师的一种基本能力，对优秀教师而言，更是有着促进教研、提高教学能力的重要意义。

追求发现，能够让我们关注教材、关注教学、关注教法、关注资料，关注与教学有关的事物与现象。追求发现，能够让我们变通思维、开阔思路、拓宽眼界、增加教学兴趣、引来新鲜活水。追求发现，能够让教学研究更加务实，让教学设计更有创意，让教学内容更有新意与美感。

发现，是一种教学能力，是一种思维方式，也是一种研究技法。教学教研中的发现，其立足点要着眼于运用。优化教学内容，让学生多多受益，是发现的直接目的。

下面简说"如何发现、发现什么"的八种基本路径。

一、发现有趣的材料

用联想的方法，或穿插引入，或由此及彼，发挥其在教学中的妙用。如人教版四年级下册第一单元导语中有一个赞美祖国山水多姿多彩的句子：

> 那奔流不息的江河，那连绵起伏的丘陵，那直插蓝天的雪峰，那辽远广阔的草原……真是江山如画！

将这个句子移用于本册第六单元《牧场之国》的教学，请学生学用这种句式概写课文内容，在有趣有味的课堂实践活动中，就有了这样优美的表达：

> 那仪态端庄的牛犊，那膘肥体壮的骏马，那悠然自得的绵羊，那辽阔无垠的草原……好个田园诗情！

二、发现知识的精华

对散布于单篇课文、整个单元的材料或进行整合，或进行提取，有效地运用于教学之中。如《爱莲说》中，最需要着力品析的句子是：

> 予独爱莲之出淤泥而不染，濯清涟而不妖，中通外直，不蔓不枝，香远益清，亭亭净植，可远观而不可亵玩焉。

又如《湖心亭看雪》中，最需要着力赏析的内容是：

> 雾凇沆砀，天与云与山与水，上下一白。湖上影子，惟长堤一痕、湖心亭一点、与余舟一芥，舟中人两三粒而已。

三、发现内在的奥秘

透过表象看到实质，透过肤浅看到深刻，从而发现隐秘而又富有价值的教学内容。如普希金的说理诗《假如生活欺骗了你》：

假如生活欺骗了你

/ 普希金 /

假如生活欺骗了你，
不要悲伤，不要心急！

忧郁的日子里须要镇静：

相信吧，快乐的日子将会来临。

心儿永远向往着未来；

现在却常是忧郁：

一切都是瞬息，一切都将会过去；

而那过去了的，就会成为亲切的怀恋。

在反复地体味之中，我们能够发现其朗读吟诵的秘诀：平稳深沉的语气语调与乐观欢快的语气语调交替进行，表达出一种旋律感。依此训练学生，效果立现。

四、发现教学的抓手

发现据此可以组织学生开展课堂实践活动的话题。如《驿路梨花》课后安排了几个思考题：

①下面的人物分别与小茅屋有过什么故事？谁是小茅屋的主人呢？
"我"和老余　瑶族老人　一群哈尼小姑娘　解放军战士　梨花

②本文构思巧妙，层层设置悬念和误会，使故事情节一波三折。结合课文内容分析这种写法，说说其表达效果。

③"梨花"在文中多次出现，所指不尽相同，请找出来，解释各自的含义，并说说这几次出现对全篇结构的作用。再想一想，用"驿路梨花"做标题有什么妙处？

这几个思考探究题，换个角度看，就是一个教学方案的雏形，充实一下，就是极好的教学设计：科学有效地分别引领"整体把握""重点理解""细节品析"三个方面的课文研读训练。

五、发现特别的资料

在读书学习中，在广泛地阅读与浏览中，撷取有益于教学的宝贵材料。比如：

屠苏酒是在中国古代春节时饮用的酒品，故又名岁酒。据说屠苏酒是汉末名医华佗创制而成的。屠苏酒从晋朝产生，以前有人住在草庵，每年除夕，将药囊丢到井中。到元日取水出来放在酒樽中，全家人一起喝就不怕生病了。更值得一提的是喝屠苏酒的方式，表现了中华独特的美德。梁朝人宗懔的《荆楚岁时记》云"岁饮屠苏，先幼后长，为幼者贺岁，长者祝寿。"苏辙诗云"年年最后饮屠苏，不觉年来七十余"就是指这种风俗。饮屠苏酒的习惯是一家人中年纪最小的先喝，小孩过年增岁，要祝贺他；而老年人过年则是生命又少了一岁，拖一点时间后喝，含有祝他们长寿的意思。（摘自《光明日报》2018年2月11日陈勤建《传统年节的文化密码》）

将其用于宋代王安石的《元日》的教学中，就颇有新意。

六、发现表达的规律

对句式、段式、文章章法形式进行提炼，发现规律，指导学生学用，以一知十，由一篇知一类，从而大大提高读写能力。如课文《阳光》：

阳光像金子，洒遍田野、高山和小河。

田里的禾苗，因为有了阳光，更绿了。山上的小树，因为有了阳光，更高了。河面闪着阳光，小河就像长长的锦缎了。

早晨，我拉开窗帘，阳光就跳进了我的家。

谁也捉不住阳光，阳光是大家的。

阳光像金子，阳光比金子更宝贵。

文章虽短，但表现出来的是"咏物抒情"类文章的基本结构规律：引出事物——描述事物——托物寄意。用这种结构"规律"来指导、训练学生，简明而高效。

七、发现训练的要点

提炼出学科基本能力的训练要点，从而有的放矢地关注并对学生进行到位的能力训练。

如对学生基本的阅读能力训练，需要把握6个要点：（1）辨识要素、顺序和结构方式；（2）划分、概括文章或文段的思路层次；（3）在具体的语境中理解词义、句义；（4）品味修辞手法及其作用；（5）概括文章要点或思想内容；（6）赏析表现手法、表达艺术。

如此则高屋建瓴、成竹在胸，能够真正做到利用教材对学生进行训练。

八、发现有效的做法

在长期的教学实践中不断尝试与反复实验，形成普遍适用的便于操作的高效的课堂教学手法。

如笔者在教学《孔乙己》时，只用了一个研读话题：孔乙己"挨打"描写赏析。在教学《我的叔叔于勒》时，只用了一个话题：故事中的"船长"形象欣赏。在教学《林教头风雪山神庙》时，运用的欣赏话题是：课文中的"伏笔"艺术品析。

这就是"主问题设计"的教学手法，这种教学手法能够让教师大大减少课中碎问，同时又表现出在课文深入研读方面对学生所具有的吸引力。

发现，往往与追求发现相关联，与乐此不疲相关联，与横向联系相关联，与反复实践相关联，与学问背景相关联，与语文教师的事业心相关联。

有一种教学素养，叫"发现"。

笔者将这些点滴体会分享给各位同人，让我们一起在语文学科教学的美好世界中上下求索。

余映潮

2019年2月12日于武汉映日斋

余映潮

1. 充分认识教材的作用

当前，阅读教学效率普遍不高，最直接的原因是教师不能很好地利用教材。非常普遍的教学状况是：就课文教课文。教师就课文内容进行细碎的提问，学生就课文内容进行肤浅的解答，师生在看似热闹顺畅的分析中，完成对课文的所谓"解读"，其实只是从课文的表面掠过而已。

研究课堂教学效率，强调高效的课堂教学，需要着力提高教师对教材的阅读分析能力和利用课文组织学生开展实践活动的能力。

语文教材是语文教学之本，蕴藏着丰厚的可供我们利用的教育教学资源，需要深入挖掘。这些教学资源，如果用分类的方法进行提炼，大体上可以分为 8 个类别：(1) 文体、文化、文学、文章知识类，(2) 生字、词语类，(3) 句式、段式类，(4) 朗读能力训练、背诵积累材料类，(5) 一般阅读能力训练材料类，(6) 高层阅读能力训练材料类，(7) 思维训练材料类，(8) 写作形式借鉴材料类。其实，在善于运用教材的教师眼中，几乎每篇课文都具有上述 8 类材料的利用价值。

我们从《〈论语〉十二章》中提取两则语录来观察：

> 子曰："贤哉，回也！一箪食，一瓢饮，在陋巷，人不堪其忧，回也不改其乐。贤哉，回也！"

> 子曰："饭疏食，饮水，曲肱而枕之，乐亦在其中矣。不义而富且贵，于我如浮云。"

首先，以上两则语录能够承载知识教育、字词教学、朗读和背诵的训练任务。

其次，从一般的阅读能力训练来看，它们可以用来训练学生的概括、翻译、阐释文意的能力。

再次，从高层阅读能力和思维能力的训练来看，它们可以用作比较阅读的材料，设计品析活动，让师生探究它们从哪些方面写出了孔子和颜回的高贵精神境界。

最后，从写作思维训练来看，这两则材料都含有生动的句式，都表现出了精妙的章法结构和叙议结合的手法，同样能为教学所用。

语文教材是语文教学之本，它蕴藏着丰富的教育教学资源，需要教师智慧地利用它，主要完成5个方面的训练任务：（1）进行语言训练，表现出语文学科是一门学习语言文字运用的综合性、实践性学科的特点；（2）进行读写技能训练，正如2011年教育部颁布的《义务教育语文课程标准》（下文简称"新课标"）所说，"注重基本技能训练，让学生打好扎实的语文基础"；（3）进行知识教育，让学生掌握、积累丰富的语文知识；（4）对学生进行学习方法、思维方式的训练；（5）在潜移默化中让学生在思想情感方面得到熏陶感染。

关注到上述5个方面的重要使命，语文教师就有可能逐步建立利用课文的教学理念并真正地学会利用课文展开扎实有效的课堂训练活动。如下面诗歌的教学：

迢迢牵牛星

迢迢牵牛星，皎皎河汉女。
纤纤擢素手，札札弄机杼。
终日不成章，泣涕零如雨。
河汉清且浅，相去复几许？
盈盈一水间，脉脉不得语。

训练活动一，诵读。把握语速，读好节奏，读好叠词，以声传情，表达深沉的思念，然后当堂背诵。

训练活动二，描述。用课堂微型写作的方式，让每一位学生动笔，描述这首诗的情节与细节。

训练活动三，鉴赏。话题：探析本诗的表达之美。教师给予学生充分的思考时间，指导学生从内容、形式到手法等不同的角度去欣赏。于是，就让学生有了角度之美、思念之美、语言之美、情节之美、细节之美、转折之美、叙议之美、音韵之美等文学之美的收获。

　　三次活动，不用碎问，全是学生的阅读实践活动，这就是在利用教材进行教学。

2. 利用教材的基本理念

语文教师利用教材对学生进行读写训练，需要有一些基本理念。

第一，对课文中的教育教学资源进行细致的提取、提炼。

第二，有选择地利用从课文中提取、提炼出来的教学资源设计学生的课堂实践活动。

第三，给予学生大量时间，让学生在课堂活动中进行充分的读写实践。

第四，按照新课标的要求落实语言学用的训练。

从课文中提取、提炼教育教学的资源，最便于运用的一种方法就是提取组合法。也就是运用分类积聚的方法，从课文中提取一组一组、一类一类的语言材料，以供教学设计时选用。

如冰心的《谈生命》，我们至少可以从课文中提取并组合5个类别的可用的教学材料。

(1) 结构分析材料

第一层：全文总起——"我不敢说生命是什么，我只能说生命像什么"。

第二层：从"生命像向东流的一江春水"到"也不敢信来生"，揭示生命的经历像春水东流一样波澜起伏。

第三层：从"生命又像一棵小树"到"也不敢信来生"，表现生命的历程像小树的成长一样由生而死。

第四层：抒发感想，阐发哲理。

(2) 字形字音材料

挟 (xié) 卷　　　　巉 (chán) 岩　　　　惊骇 (hài)

瘠薄 (jí bó)　　　屏 (bǐng) 息　　　荫庇 (yìn bì)

枭 (xiāo) 鸟　　　狼嗥 (háo)　　　睥睨 (pì nì)

愤懑 (mèn)　　　绯 (fēi) 红　　　云翳 (yì)

(3) 雅词识记材料

悬崖峭壁　　　一泻千里　　　斜阳芳草

穿枝拂叶　　　杜鹃啼血　　　叶落归根

(4) 哲言积累材料

宇宙是一个大生命，我们是宇宙大气中之一息。江流入海，叶落归根，我们是大生命中之一滴，大生命中之一叶。

要记住：不是每一道江流都能入海，不流动的便成了死湖；不是每一粒种子都能成树，不生长的便成了空壳！

生命中不是永远快乐，也不是永远痛苦，快乐和痛苦是相生相成的。好比水道要经过不同的两岸，树木要经过常变的四时。

在快乐中我们要感谢生命，在痛苦中我们也要感谢生命。快乐固然兴奋，苦痛又何尝不美丽？

(5) 精美片段材料

生命像向东流的一江春水，他从最高处发源，冰雪是他的前身。他聚集起许多细流，合成一股有力的洪涛，向下奔注，他曲折地穿过了悬崖峭壁，冲倒了层沙积土，挟卷着滚滚的沙石，快乐勇敢地流走，一路上他享受着他所遭遇的一切。

有时候他遇到巉岩前阻，他愤激地奔腾了起来，怒吼着，回旋着，前波后浪地起伏催逼，直到冲倒了这危崖，他才心平气和地一泻千里。

有时候他经过了细细的平沙，斜阳芳草里，看见了夹岸红艳的桃花，他快乐而又羞怯，静静地流着，低低地吟唱着，轻轻地度过这一段浪漫的行程。

11

有时候他遇到暴风雨，这激电，这迅雷，使他心魂惊骇，疾风吹卷起他，大雨击打着他，他暂时浑浊了，扰乱了，而雨过天晴，又加给他许多新生的力量。

　　有时候他遇到了晚霞和新月，向他照耀，向他投影，清冷中带些幽幽的温暖；这时他只想休息，只想睡眠，而那股前进的力量，仍催逼着他向前走……

　　这些教学材料实实在在地摆在我们面前，我们可以据此设计出相应的课堂训练活动。

　　（1）文意把握活动。利用课文本身特别的章法特点——全文只有一个完整的段落——引导学生分析其美妙的结构层次。

　　（2）语言积累活动。利用课文中生动准确的语言，特别是哲言警句，设计语言学用、读背积累的练习活动。

　　（3）精段细读活动。利用课文中的精美片段，设计并组织朗读体味、语言赏析、手法品析的能力训练活动。

　　这样就能让学生在当堂训练中真有收获，大有收获。

3. 好课要做到"两个充分"

新课标说，教师应认真钻研教材，正确理解、把握教材内容，创造性地使用教材。新课标又说，教师是学习活动的组织者和引导者。

这两句话点出了语文教师的专业素养和教学能力在日常教学中的重要作用，非常值得我们咀嚼。还让我们知道，好课，有质量的课，有语文味道的课，有美感的雅致的课，绝不是摆弄什么教学模式就能立竿见影的。好课要做到"两个充分"，即充分有效地利用课文，充分有效地组织学生实践活动。教师要在反复研读课文的基础上提取、提炼、分类整合可以用来设计学生阅读训练活动的教学资源，科学地巧妙地利用课文教学资源设计学生课堂实践活动，让学生充分地习得语言，充分地训练技能。

请看《春》段落教学的创意：

桃树、杏树、梨树，你不让我，我不让你，都开满了花赶趟儿。红的像火，粉的像霞，白的像雪。花里带着甜味儿；闭了眼，树上仿佛已经满是桃儿、杏儿、梨儿。花下成千成百的蜜蜂嗡嗡地闹着，大小的蝴蝶飞来飞去。野花遍地是：杂样儿，有名字的，没名字的，散在草丛里，像眼睛，像星星，还眨呀眨的。

如果将这段文字视作"微型课"的教学材料，那么利用它可以进行哪些训练活动？

（1）诗意命名训练。每位同学都要给这段文字拟一个有诗意的小标题。

（2）朗读体味训练。①中速，用叙述的语气朗读；②轻声，带着欣赏的情致朗读；③以声传情，恰当地把握文句中的重音；④读好句与句之间的细微停顿；⑤读好带"领起"意味的短语的细微停顿，如"闭了眼""野花遍地是"；⑥背诵积累。

（3）美点品析训练。话题：赏析这一段文字的美点。活动方式：静读，进行圈点勾画，写旁批，欣赏美点，课中交流，教师小结，学生做好课堂笔记。教师小结的主要内容：语言生动之美、层次明晰之美、化静为动之美、穿插想象之美、句式运用之美、色彩描写之美、映衬手法之美、情感抒发之美。

（4）文段仿写训练。可仿照这段文字由上而下的"分区描写"的结构形式，可仿照在文中穿插想象的细节点染的方法，可仿照文中写蜜蜂、蝴蝶、野花等"以物衬景""以景衬景"的艺术手法。

请看《天净沙·秋思》赏析教学的创意：

天净沙·秋思

／马致远／

枯藤老树昏鸦，

小桥流水人家，

古道西风瘦马。

夕阳西下，

断肠人在天涯。

（1）知识教学：比如，马致远、散曲、小令、意象、景语、情语、句法、秋思之祖等。

（2）吟诵训练：语调、语气、节奏、重音、停顿、背诵等。

（3）概括训练：概写散曲大意、表达特点，以及它抒发的情感。

（4）描述训练：变曲为文，将《天净沙·秋思》扩写为描述、抒情的散文。

（5）赏析训练：品析这首小令的抒情手法。如用意象叠加、寓情于景、白描手法等勾勒出充满忧伤的旅人远离家乡、孤身漂泊的身影等。

以上两个教学创意，都明显地表现出"充分有效地利用课文"的特点，其"有效"则表现在"利用课文"时所形成的不同设计角度、不同训练意图的课堂实践活动中。

4. 好课要落实"两个注重"

语文新课标中有一句话，点出了语文教学的本质特点：

> 语文教学要注重语言的积累、感悟和运用，注重基本技能训练，让学生打好扎实的语文基础。

这里点出的就是"两个注重"，即注重语言学用，注重技能训练。

"人间正道是沧桑"，语文教学的正道，就是教师在注重语言学用、注重技能训练这两个重点上，让学生有终身受用的积淀。然而在实际教学中，语言学用和技能训练常常不在教师的视野中。放眼四望，当前流行的大多数教学模式以及它们表现出来的理念都没有达到"两个注重"的高度。

要想让课堂教学突出语言学用，可以有4个方面的措施。（1）加大语言积累教学的厚度，如二字雅词、四字短语、丰富句式、优美片段、精美诗文的丰富积累。（2）增加朗读、背诵训练活动的时间，还可以引进课外美诗美文的背诵。（3）更多地设计有关课文复述、故事讲析、句段仿写、画面描摹、小诗创作、文言诗词扩写、文言短文译写、课堂作文、口头阐释等语言实践活动。（4）创设专题赏析短文写作、专项语文资料积累的训练活动，进行课型创新，安排语言学用课型，进行目标集中、内容厚实的语言学用训练。

教学中应注重学生的基本技能训练，可关注概括能力、语文现象识别能力、文章思路辨析能力、语言品析能力、艺术手法欣赏能力、质疑与发现的探究能力、比较阅读的能力、口头或书面的阐释能力的训练，还要关注纵横联想、收集资料、读中学写的能力训练。

以上二者，往往整合在同一课时中或同一篇课文的学习中。为了确保以上二者的教学效果，往往需要适当或大大地减少琐碎的课文解读活动。

请看课文《马》的"三步"教学创意。

第一步，记一记。在文句中积累20个左右美的词语。

  鬃毛 鬣毛 羁绊 剽悍 驾驭 窥伺 束缚 妍丽 庇荫 遒劲
  鞍辔 疮痍 阔绰 观瞻 狂野 畸形 颚骨 面面相觑
  相得益彰 慷慨以赴 有过之无不及

第二步，写一写。在写作中学用美的语言。写作训练话题：马之美质；咏"马"。

这里的写作，美感丰富。课文中有丰富的语汇。如写马的特征，就用了"勇毅、慷慨以赴、兴奋鼓舞、精神抖擞、耀武扬威、克制、屈从、舍己从人、迎合、绝不凶猛、豪迈而狂野、互相眷恋、不互相妒忌、轻捷"等语汇，既贴切又富于变化。课文中有灵动的句式，如"它和人分担着疆场的劳苦，同享着战斗的光荣""它们行走着，它们奔驰着，它们腾跃着，既不受拘束，又没有节制""由于草木足够作它们的食粮，由于它们有充分的东西来满足它们的食欲，又由于它们对动物的肉毫无兴趣，所以它们绝不对其他动物作战，也绝不互相作战，也不互相争夺生存资料"等。这些美词美句都是可以由学生美美地选用的。

第三步，品一品。精读课文第三段，在品析中赏析美的语言。

活动内容：精读课文第三段，即"天然要比人工更美丽些"一段。

精读品析的内容可以有朗读、概说、品词论句、欣赏美感、品析结构层次等。

于是，语言学用与技能训练在这样的教学中都得到了落实。

落实"两个注重"的教学是造福于所有学生的教学。

5. 好课要关注"两个着力"

好课要关注"两个着力",即着力于教学思路清晰,着力于课堂提问简洁。它们是课堂教学具有美感的一种境界,也是语文教师课堂教学水平达到一定高度的反映。

教学思路清晰,表现出来的是教学活动的安排有要点、有层次、有步骤、有节奏。

如《海燕》一个课时的教学思路安排。

导入,背景介绍,认字识词。

第一步:充满激情地读。(12分钟左右)

对学生进行细节化的朗读训练:基调,刚健明朗;文句,把握节奏;情感,读准重音。

第二步:细腻地品。(15分钟左右)

课文美点赏析:诗的体裁,象征手法,场景描写,起笔艺术,美妙线索,多向映衬。

第三步:美美地写。(13分钟左右)

请学生利用、组合课文中描写海燕的精美语句,写一段文字,描述海燕的形象美。

可利用的语言资源有:勇敢地渴望暴风雨的海燕;充满着愤怒的力量、热情的火焰和胜利的信心的海燕;高傲地、勇敢地、自由自在地在泛起白沫的大海上飞翔的海燕;叫喊着,飞翔着,像黑色的闪电,箭一般地穿过乌云,翅膀掠起波浪飞沫的海燕;在怒吼的大海上,在闪电中间,高傲地飞翔着,高喊着"让暴风雨来得更猛烈些吧"的胜利的预言家海燕……

这个课例,着力地安排了课堂教学中的三个步骤。每一步都是一次有时间长度的学生实践活动,每一步都突现了训练的要点,每一步都可以视

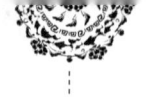

作训练落实的"微型课",每一步都注意到活动形式的变化即教学节奏的调整。三个步骤连缀起来,形成清朗有序、层次分明、逐层深入、学生活动充分的优美简洁的课堂教学思路。

没有为学生的发展着想的教学理念,没有深入地思考与琢磨,难以设计出这样清晰简洁的教学思路。

课堂提问简洁,表现出来的是主问引领、一次设问能抵许多碎问的教学魅力。

如《好嘴杨巴》的教学,一节课中提问两次。

课始:简介作家作品,认读字词,初读课文。

第一次提问:从小说作品的角度分析,你从课文中读出了什么?

学生静读、思考、旁批、讨论、交流。教师点拨、对话、小结:从课文中读出了故事背景、人物、场景、情节的发展与陡转、精彩的细节描写、微妙的伏笔、扣人心弦的悬念、对比手法,以及讽刺的意味等。

第二次提问:从故事细节的角度分析,你从课文中读出了什么?建议用"课中之最"的句式来表达。

学生静读、深思、圈点勾画、表达见解。教师与学生对话时,顺势进行点拨,比如:读出了最能起背景铺垫作用的句子、最扣人心弦的一个句子、最巧妙地安排伏笔的句子、杨八最聪明的一句话、李中堂最能圆场的一句话等。

这个课例,着力地克制了碎问,设计了两个非常具有牵引力的提问。提问一着眼于课文的整体把握及基本手法的理解,提问二着眼于细节与语言的品味。这样的教学效果,用零碎提问的教学方法永远无法企及。

教学思路清晰使课堂训练活动成"块"成"型",教学目标一一落实到位。课堂提问简洁让学生有更多时间深入地思索与研讨。课堂教学既有章法之美,又有细节的充实与落实。

6. 好课要追求"两个丰富"

课堂教学要追求的高层境界是：让活动形式丰富起来，让课堂积累丰富起来。可称为"两个丰富"。

活动形式丰富，指的是学生的课堂实践活动丰富。课堂实践活动，一般而言不是指课文教学中碎问碎答的活动，而是指要用一段时间来完成学习任务的活动。

如《背影》的教学创意。

课始，进行厚重的背景铺垫。

实践活动一：诗意地写话。

内容：父亲形象素描。学生人人动笔，研读体味课文内容，利用课文文句描述父亲的人物形象。

实践活动二：诗意地品味。

内容：课文语言品析。教师示例，例说《背影》的语言是用语反复的抒情语言。学生静读课文，圈点勾画，品析语言，课中发言。

师生共同体味《背影》中反复运用、语中含情的语言：两个"蹒跚"，两个"忙着"，两个"慢慢"，两个"惦记"，两个"不要"，两个"抱"，两个"肥胖"，两个"再三"；以及文中的三写"嘱"，三写"爬"，四写"终于"，四写"泪"，四写"背影"……

实践活动三：诗意地赏析。

内容：精读课文第六段，即父亲过铁道买橘子这一段。先反复朗读，再深入品析。

教师可从如下角度引导学生对此段进行品析、欣赏：诗意地概括此段内容，分析此段层次；从记叙要素的角度理解此段的脉络层次；品味动词运用、动作描写对父亲形象的表达作用；感受外貌描写对父亲形象的表达作用；品味作者的情感抒发对父亲形象的表达作用。

在这个教学创意中，教师设计并组织学生开展了动笔写作、语言品析、朗读体味、细读赏析等活动，表现出学生实践活动丰富的特点。

为什么要追求学生课堂实践活动的丰富？首先，为了提高课堂教学的效率，让学生经历不同形式的活动的训练；其次，调整、优化课堂教学的节奏，在活动形式的有机变化中表现课堂教学的美感。

课堂积累丰富，指的是学生在课堂学习中不仅当堂有收获，而且有多方面的收获。

注意"当堂"两个字，这种丰富的收获不是靠牺牲学生大量的课外休息时间得来的。

如《卖油翁》一个课时的教学设计。

活动一：课文朗读背诵。

这次活动的形式是朗读。学生在教师的指导下：首先，朗读课文，认字识词；其次，朗读课文，读好故事；再次，朗读课文，读出人物神采；最后，背诵课文。

活动二：制作知识卡片。

这次活动的形式是制作卡片。学生根据教师的示例人人动手制作词义辨析知识卡片，课中交流，教师小结，学生做笔记。比如：

以：公亦以（凭）此自矜　以（用）钱覆其口

尔：但手熟尔（罢了）　尔（你）安敢轻吾射

自：公亦以此自（自己）矜　自（从）钱孔入

而：卖油翁释担而（表动作承接）立　久而（地）不去

而：自钱孔入而（然而）钱不湿　康肃笑而（着）遣之

活动三：字词品味赏析。

这次活动的形式是阐释，需要学生写或说。教师引导学生在品味字词的基础上阐释其表达的妙处及其表现力，比如："自矜"写出了陈康肃公颇为自得的心理、神情；"睨"和"微颔"写出了卖油翁不以为奇的神情意态……

　　这节课上,学生在45分钟之内练习了朗读,进行了课文背诵,辨析了字词,并积累了字词卡片,在品词论句方面得到了有效的训练,这就是课中积累丰富。

7. 好课要崇尚"两种训练"

近年来,有两种训练基本上淡出了教学与研究的视野,但它们是值得我们崇尚与密切关注的:一是当堂训练,二是集体训练。

当堂训练就是在学生稍做预习或不要求预习的前提下上课。这是真正的高效阅读教学的理念与方法,因为它追求的是课堂45分钟里的教学质量。1949年至2000年,我国的语文课堂教学,基本上都是当堂进行的,没有现在的要求学生长时间预习的粗野做法。

因为多种教学模式的甚嚣尘上,直到现在,很多学生在课外还背负着沉重的长时间的预习任务,很多学生在课外还需要完成数量不少的导学案的书面作业。

集体训练就是着眼于全班学生的训练。特别是重要的课堂实践活动,如朗读训练、默读训练、背读训练、课中微型写作训练等,都需要在同一时间内让班上所有学生参与。正是因为全班所有学生参与,所以受益面才能最大化,训练的效果才能得到保证。

日常的语文课堂教学,难以见到集体训练的美好情景。主要原因是大多数教师还保留着碎问碎答的教学习惯。有一些地方是因为小组展示教学模式的荒唐——在很多语文课堂上,6个小组、8个小组展示完毕,课也就结束了。

所以,我们非常有必要在当堂训练与集体训练的基础上回归传统,进行创新。

(1)树立正确的高效课堂的教学理念,要明确,"单位时间内的工作量叫作'效率'"。

(2)改变最影响教学与训练效果的陈旧的教学习惯:课文解读教学。

(3)将"精讲多练"四个字优化、细化为所有学生在课堂上都要实践的活动。

（4）提高教师的教学能力，特别是利用课文教学资源和设计实践活动的能力。

（5）时时提醒自己在课堂的重要活动中组织集体训练。

下面我们来设计用一个课时完成当堂训练和集体训练的教学方案。

教学《孤独之旅》（近4000字）时的专题赏析课（不要求学生预习）。

课始，教师介绍曹文轩的生平事迹及其小说的创作风格、《草房子》、本文故事的前后情节。（约5分钟）

出示专题赏析课的赏析话题：《孤独之旅》环境描写欣赏。教师示例，全班同学静读课文10分钟，每位同学都要动笔，进行勾画与批注。（约12分钟）

课堂交流活动，学生表达见解，师生对话。（约15分钟）

教师小结、讲析，每位学生都做好课中学习笔记。（约10分钟）

教师讲析的主要内容如下：

> 环境描写设置了人物活动的广阔背景与场景，如有关芦苇荡的描写内容。
>
> 环境描写安排了人物活动的重要内容与线索，如有关鸭的描写。
>
> 环境描写表现了对人物心理的影响，如芦苇荡带给人物以"孤独"的巨大压力，如对雨后"月亮"的描写表现了人物内心的平静与喜悦。
>
> 环境描写见证了人物成长的艰辛，比如在暴风雨的描写中，杜小康表现出了成年人的坚强与勇气，暴风雨给了他一个成长的机会。
>
> 所以曹文轩说，风景在参与小说的精神构建的过程中，始终举足轻重。

在这节课中，当堂训练和集体训练得以进行，其中道理也很简单：集中研读视点，学生深入思考，教师精深讲析。

8. 好课要做到"两个讲求"

在课堂教学中，一要讲求教师的专业素养，二要讲求教师的教学技能。

在当前的课堂教学中，教师专业素养的薄弱表现得非常明显。

（1）与学生对话的能力薄弱。课堂教学中学生的发言与教师的对话处在同一水平线上，甚至教师的表达内容在"水平"上弱于学生。有例为证：在非常多的课堂中，学生进行了高质量的发言，但教师只能说出"很好""非常好"几个字，几乎没有精彩、中肯的点评。

（2）对小说、诗歌的教学力不从心。小说的教学淡如白开水，有的小说课，教师的语言表达中竟然连"描写""刻画""人物""手法""性格特点"等词语都没有。诗歌教学中，很多语文教师不能范读课文，不能角度细腻地指导学生朗读课文。更为普遍的是，文学作品审美的教学难得与学生谋面。

（3）课堂上很难对学生进行知识教育特别是文学知识教育。语文教师对文章章法的理解与文章手法的欣赏比较困难，教学之中也很难顺势渗透高雅有用的知识。从小学到高中，课堂上的知识教学常常只有"比喻""拟人""排比"等内容。

（4）照抄照搬现象比较普遍。如《湖心亭看雪》的教学，不知是谁提出了"痴行""痴景""痴人"的令人费解的说法，于是很多教师搬用这种流俗的说法。比如文学作品作家背景材料的介绍，对理解整篇作品至关重要，但不少教师都在用一种"怪招"：文章快学完了，才出示作者介绍。

（5）在粗俗教学模式横行的地方，一些语文教师在课堂上连"语文"的话都不会讲了。讲得最多的话大约只是：请下一组展示，给他们掌声等。

语文教师的教学技能，在学科特点上并没有统一的规范的评价标准，语文教师入职时，也没有接受过全面的教学技能评价标准的检测，所以入职之后的教学技能训练与自我训练就非常重要。如果说要抓教学技能方面的"核心素养"，那就是四个字：得体、得法。

得体，是说教学要突出文体特点。比如，教学小说、散文不能同于教学一般的记叙文。比如，不能永远只是用一种方法、一种语气、一种情态来教学任何课文。

得法，是说教学要讲方法、手法、技巧、艺术；是说在课堂上要实教、巧教、美教、趣教；是说教师要有导入的技巧、切入的技巧、对话的技巧、过渡的技巧、讲析的技巧、调适节奏的技巧、课中小结的技巧等。

下面从专业素养和教学技能两个方面来看《马说》的教学创意。

学生实践活动一：朗读体味。

学生实践活动二：整合积累。

学生实践活动三：品析探究。

朗读体味需要教师有胜任此课的朗读能力、范读能力和朗读训练能力，教师要从语气、重音、停顿、特别处理等方面来组织朗读训练活动。

整合积累需要教师有分类提取教学资源并把提取过程转化为对学生的训练的能力，比如指导学生编写课文语言卡片，这既训练了学生的学法，又增加了学生的积累。

品析探究需要教师引导学生品析课文的美点妙要，品析三个段落的表达作用。品析探究需要教师点拨学生如下内容：《马说》以喻为论，以良马喻人才，托物寄意，针砭时弊，写知遇之难点的是人才问题，等等。

如果语文教师没有两个"讲求"，那么他将难以胜任真正的语文教学。

9. 教学创意讲究"实"

在深读精读教材的基础上，我们酝酿教学创意，进行教学设计，首先要考虑的，就是一个"实"字。

所谓"实"，就是课堂教学要求真务实，要实实在在地利用课文设计形态多样的学生课堂实践活动，从而促进语言学用，训练学生技能，增加知识积累。

课堂教学的"实"，表现在扎实有效的课堂教学活动的设计上。要做到这一点，靠的是教师对课文的高度重视及对教学的精心设计，正如新课标所要求的那样：语文教师要"精心设计和组织教学活动，重视启发式、讨论式教学，启迪学生智慧，提高语文教学质量"。

如小品文《说"屏"》，这篇课文全文不足 900 字，好像没有什么地方或内容是值得精读细读的，但在认真提炼课文教学资源的基础上，我们可以设计出非常实用的课堂训练活动。

（1）选一组词语读一读——请学生认读下面的美词

  微妙 擅长 点缀 装饰 韶光 造型 得体 休憩

（2）划几个句子试一试——请用"组合关键句"的方法提取课文信息

  "屏"，一般都称"屏风"，是一种似隔非隔、在空间中起着神秘作用的东西。它既起分隔作用，又是艺术点缀，而且可以挡风。按屏的建造材料及其装饰的华丽程度，分为金屏、银屏、锦屏、画屏、石屏、木屏、竹屏等。屏的设置要因地制宜，大小由人；在与整体的相称、安放的位置与作用、曲屏的折度、视线的远近诸方面，均要做到得体。

(3) 用一组词语写一写——每位同学自选下面的任一组词，介绍"屏"某个方面的特点

第一组：诗意　情境　向往　微妙
第二组：擅长　功能　美感　称道
第三组：帷幕　装饰　书斋　休憩
第四组：造型　轻巧　绘画　得体

(4) 下一个定义试一试——请根据课文内容，给"屏"下一个定义

屏，是厅室内的一种似隔非隔，在空间中起着隔断、遮挡、装饰作用的比较讲究艺术品位的用具。

(5) 抓几个地方品一品——品析下面美段的语言表现力

"屏"，我们一般都称"屏风"，这是很富有诗意的名词。记得童年与家人在庭院纳凉，母亲总要背诵唐人"银烛秋光冷画屏，轻罗小扇扑流萤"的诗句，其情境真够令人销魂的了。后来每次读到诗词中咏屏的佳句，见到古画中的屏，便不禁心生向往之情。因为研究古代建筑，接触到这种似隔非隔、在空间中起着神秘作用的东西，更觉得它实在微妙。我们的先人，擅长在屏上做这种功能与美感相结合的文章，关键是在一个"巧"字上。怪不得直至今日，外国人还都齐声称道。

比如："富有诗意"表达了对"屏"的美感的点示；"令人销魂"表现了孩童时夏夜乘凉聆听母亲吟诵古诗的愉悦；"不禁心生向往之情"写出了作者观赏、研究"屏"的愿望；"实在微妙"是对"屏"的难以言说的特点的赞叹……

(6) 讲一个道理析一析——分析、理解课文的逻辑顺序

话题：请学生用"如果没有这一段"的话题，分析课文中某个段落的作用，由此"牵一发而动全身"，达到深刻理解课文层次、顺序的目的。

还可以设计"学一个段式写一写——进行段式学用""就一种写法评一评——评议课文所运用的表现手法"等活动。

这样的教学设计，没有一处不好用，没有一处不能用，每一处都有作用，每一处都有效果。

事不同而理同，由此课的教学创意我们可以想到，任何一篇课文的阅读教学，都可以依据课文设计出实实在在的课堂训练活动。

10. 教学创意讲究"新"

教学创意讲究"新",表现出来的是语文教师的创新意识与创新能力。这种意识与能力可能是目前最需要进行强化的:一方面,程式化的教学形式风靡;另一方面,陈旧的教学习惯的力量依然强大。

教学创意讲究"新",其出发点仍然是有利于学生的学习收获,有利于课堂教学效率的提高,追求新而实、新而活、新而美、新而趣的境界,做到新而不做作,新而不花哨,新而不浅薄。

教学创意讲究"新",可以落实到课堂教学的任何细节上。

(1) 新在课文教学的导入。如教学《说"屏"》时,从词义演变的角度导入,知识丰富,顺理成章:

> 屏:大门外或大门内对着大门起遮挡作用的墙。
>
> 屏:屏风。室内外用来隔断视线或挡风的用具。
>
> 屏:形状像屏风一样的东西。如:孔雀开屏,荧光屏,屏幕。
>
> 屏:遮挡,像屏风一样起着遮蔽作用的东西。如:屏障。

(2) 新在背景资料的铺垫。如教学《念奴娇·赤壁怀古》时,用5则材料进行厚实的铺垫:

> 材料一:苏轼,北宋著名文学家、书法家、画家,为"唐宋八大家"之一。字子瞻,号东坡居士,眉州眉山(今属四川省眉山市)人。元丰二年(1079年),苏轼因"乌台诗案"下狱,险遭杀身之祸,随后被贬至湖北黄州。
>
> 材料二:1080年2月,40多岁的苏轼,充黄州团练副使,是一个由当地州郡看管的犯官。《宋史》,轼与田父野老,相从溪山间,筑

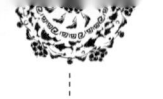

室于东坡，自号"东坡居士"。

材料三：引导千古杰作的前奏已经鸣响，一道神秘的天光射向黄州，《念奴娇·赤壁怀古》和前后《赤壁赋》马上就要产生。

材料四：(在黄州)他给天下写出了四篇他笔下最精的作品。一首词《念奴娇·赤壁怀古》，两篇月夜泛舟的前后《赤壁赋》，一篇《记承天寺夜游》。

材料五：《念奴娇·赤壁怀古》——苏轼豪放词的代表作；咏史怀古之词；宋词长调中影响最大的名篇；苏词天上人间、昔时今日的时空结构的代表作品之一。

品读名作，一定要有厚实的铺垫，上述内容多角度地介绍了作品背景，开阔了学生的视野，让学生对课文有了初步把握，为深入地进行文学赏析做好了知识铺垫。

(3) 新在文意把握的训练。如教学《苏州园林》时，开展文意把握的训练活动，可以从 6 个不同的角度进行设计，每个角度的活动都能达到理解课文大意的目的：

勾画、集聚这篇课文的关键句、中心句。

根据课文阐释苏州园林的共同特点。

说明《苏州园林》的写作顺序之美。

分析课文中的"照应"手法。

概括《苏州园林》的段落大意。

解说"游览者"三个字在全文中的作用。

(4) 新在朗读训练的角度。如教学《再别康桥》时，组织朗读训练，可以从如下角度入手，依序进行朗读：

读出宁静感

读出节奏感

读出起伏感

读出惜别感

也就是说，学生朗诵的基调要深沉，语气的变化要鲜明，节奏的处理要舒缓。

《再别康桥》是新诗中典型的抒发离愁别绪的作品，是非常讲究作品韵律的抒情诗。全诗以离别康桥时的感情起伏为线索，意境宁静，抒发了对康桥依依惜别的深情，所以需要上述那样的朗读训练设计。

还有，新在切入的巧妙，如教学《荷花淀》时，组织文学欣赏的讨论：为什么要写妇女们到马庄去给男人送衣服？新在教材处理的角度，如教学《项羽之死》时，对课文的首段进行"美点赏析"。新在课堂活动的设计，如教学鲁迅的《雪》时，安排"课中比读"活动……

追求新颖实在的教学创意，能够让语文教师逐步提高自己的教育教学技能。

11. 教学创意讲究"精"

教学创意，既要讲究"实"，又要讲究"精"，二者相辅相成。

所谓"精"，就是教学视点集中，研讨话题精练，对学生进行精细、精美而又富有力度的阅读训练。

所谓"精"，就是精选教学内容，对教学材料进行精致的组合，从而使课堂教学内容精练、头绪清楚、步骤清晰、推进从容。

内容精致的课堂阅读教学有两大好处：因为"精"而能够到达一定的深度；因为"精"而使学生占有更多的练习时间。

教师想要使教学内容精练起来，从教材利用的角度，主要可以从两个方面入手：精选一个点；精读一处文。

精选一个点：就是抓住并突现课文某个方面的特点，使之成为深入品析的抓手。

如《最后一课》的教学，在进行背景铺垫、认字识词的基础上，第一步的活动就是文意把握。

我们用精选一个点的方法来组织这次活动，这个"点"就是《最后一课》中的照应笔法探究。

教师请学生细读课文，发现课文中的一次照应。每位同学读书8分钟，手中执笔，边读边圈点勾画，然后互相阐释自己的发现。

学生读书、做课文旁批，教师组织课堂交流活动。

活动结束之时，教师小结：

《最后一课》中的照应手法表现在四个方面：第一是首尾照应，第二是文题照应，第三是伏笔照应，第四是细部照应。

于是，对照应手法这点的探析，形成了学生的品析活动，带动了对

《最后一课》全文基本内容的理解。

精读一处文：就是在文意把握的基础上，品析课文中的精彩部位，在活动中训练学生的品析能力、阐释能力。

如《最后一课》的教学，在前述文意把握的基础上，组织第二步的课文品读活动，对课文的高潮部分进行品析与欣赏：

> 忽然教堂的钟敲了十二下。祈祷的钟声也响了。窗外又传来普鲁士兵的号声——他们已经收操了。韩麦尔先生站起来，脸色惨白，我觉得他从来没有这么高大。
>
> "我的朋友们啊，"他说，"我——我——"
>
> 但是他哽住了，他说不下去了。
>
> 他转身朝着黑板，拿起一支粉笔，使出全身的力量，写了几个大字："法兰西万岁！"
>
> 然后他呆在那儿，头靠着墙壁，话也不说，只向我们做了一个手势："放学了，——你们走吧。"

话题是：细读《最后一课》的高潮部分（24段~29段），品析并阐释其细节描写的表现力。

教师指导：小说中细节性的环境描写、人物描写，甚至标点的运用，都是为表现人物服务的。

教师举例："韩麦尔先生站起来，脸色惨白，我觉得他从来没有这么高大"的表现力在于，它运用正面描写与侧面烘托的方法，写出了韩麦尔先生在最后一课结束时内心的悲愤与痛苦，表现了他的爱国之情。

学生品析课文，进行课堂交流；教师小结：

> 声响描写有着丰富的表达作用，
> 语不成句表现的是人物的心理，
> 动作描写极其符合人物的处境，
> 定格艺术表现人物的极度悲愤。

当韩麦尔先生奋笔写下"法兰西万岁"时，作者实际上已经完成了对这一人物的塑造，使他真正成为一个爱国志士。

于是，对"高潮部分"这个部位的赏析，形成了学生的品析活动，深化了利用课文对学生进行阅读分析能力的训练。

"精选一个点""精读一处文"的教学处理策略可以用于很多课文的教学中，这其实是一种普遍可用的教学设计的基本形式：文意把握，选点精读。

12. 教学创意讲究"美"

课堂阅读教学的设计,需要各种类型与风格,表现出美感的课,是其中的一种。

美的语文课不仅需要体现语文本身的美,还要体现教之美与学之美。具有美感的语文课,能够让学生受到美的熏陶,让学生审美品美、美读美写,在美好的学习过程中提升语文素养。

阅读课堂教学中的美感,主要表现在:教学内容的美,教学形式的美,教学手法的美,教学活动的美。所有这些"美",都需要服从于教学中的"实"。课堂上的"美",不是渲染,不是煽情,不是花哨手法,更不是模式化的课堂展示活动。

那么,设计具有美感的语文课或者美感浓郁的语文课,有什么样的基本要求呢?

先请观察笔者的《我愿意是急流》的案例,其教学的流程主要由四个步骤构成:

美美地听:听配乐朗诵三遍。第一遍,整体感受,听的时候,想象诗的画面之美。第二遍,感受诗中的形象。第三遍,感受诗中热烈的深情并进行跟读。

美美地读:朗读训练,读三遍。第一遍,重在语音饱满、圆润。第二遍,重在体味情感,把握语速。第三遍,重在进入情景,注意语气表达,特别注意朗读的个性化。

美美地品:请学生对这首爱情诗进行妙点揣摩,说说这首诗好在哪里,自由表达自己的观点。

美美地说:请学生结合自己对生活的观察与理解,就"什么是爱"美美地说一句话。这个"爱"可以是狭义的，也可以是广义的。

上述教学创意，可以表现出"美"课设计的大致要求。

第一，课堂教学中的"美"，力求表现在"课"的整体设计上，这是关键。

第二，课堂活动的设计要优雅，要营造"美"的活动氛围。

第三，注意活动之间的协调，以及活动形式、教学节奏的自然变化。

第四，课堂活动除了训练学生的能力之外，还要给学生新、美、趣的阅读感受。

第五，富有美感的课，应当给学生思想情感上的濡染。

据此，我们来设计王维的《山居秋暝》的美读教学。设想：首先对本诗的背景材料进行多角度的铺垫，然后组织4次美读活动。

（1）朗读体味

教师对学生进行角度细腻的朗读指导并对学生进行训练。

第一次读，读得舒缓；

第二次读，读得清亮；

第三次读，读出陶醉之感；

第四次读，想象美好画面，背诵诗歌。

（2）诗意概说

学生用一句话概说《山居秋暝》是一首什么样的诗。教师先举例，学生思考之后进行概说：

《山居秋暝》——一种诗情画意

《山居秋暝》——一种闲适潇洒

《山居秋暝》——一种悠然的陶醉

《山居秋暝》——一种清雅的格调

《山居秋暝》——一种迷醉自然的感受

（3）诗联赏析

教师指导学生进行诗联赏析，话题是：我这样赏析这一联诗。赏析的角度：画面之美，情景之美，声色之美，手法之美，意境之美。

学生动笔，自选内容，写出自己对某一联诗的赏析文字，然后课中交流，教师进行课中讲析：

《山居秋暝》描绘了山中、秋日、雨后、黄昏的清新迷人的景色。

首联点示背景：写出了山中的空寂，雨后的清新。

颔联抒写景物：月色透过松林，辉映潺潺流泉；清泉流过山石，发出清脆声响。

颈联描写人物：竹林喧响，因为浣女们洗衣归来；莲荷颤动，那是汉子们晚归的渔舟。

尾联着意抒情：虽然春芳消歇，但是秋日里恬淡幽雅的山居美景更是让人迷醉。

诗人通过对幽静清朗的大自然美景的描绘，寄托了自己高洁的情怀及对理想境界的追求。

13. 教学创意讲究"活"

课堂教学中的"活"有两层含义：一是不拘泥，不呆板，教法灵活；二是教学内容灵动，学生有充分的实践活动。

教学设计对"活"的追求，就是创设灵动美好的课堂学习活动，让每位学生都能在读写活动中既有所收获，又表现出个性化的学习状态。

能体现灵动的学习氛围与学生个性化的学习过程的，主要有品词论句、美点欣赏、阐释论析、微型写作、话题讨论等能真正让学生读起来、写起来、说起来的活动。

教学创意讲究"活"，这种"活"，第一不能浅薄，第二不能杂乱。关键在于教师设计并实施内容雅致、能激发学生深入探求的好话题。

笔者2010年曾在昆明市第三中学教学《念奴娇·赤壁怀古》。本课的教学创意是：活动一，体味音乐美，指导学生朗读与背读；活动二，欣赏文学美，引导学生欣赏课文的一"点"之美，在进行角度细腻的朗读训练之后，请每位同学用10分钟左右的时间，从"文章章法之美、景物描写之美、人物描写之美、炼字炼句之美、表现手法之美、情感抒发之美"中任选一"美"写微型赏析文，然后课中交流。

下面节选教学实录中的小片段来表现教学中的"活"：

生1：我想品析"乱石穿空，惊涛拍岸，卷起千堆雪"。这一句写景物之美，它描写了浩浩汤汤的长江水奔流向前，江的两岸，山高岭峻，大浪冲击岸边岩石，激起像雪一样的浪花。此句写出了长江波澜壮阔、汹涌澎湃的气势，让我们感受到了长江的美。

师："乱石穿空"，一个"穿"字，化静为动；"惊涛拍岸"，一个"拍"字，写出了千钧的力量；"卷起千堆雪"，一个"卷"字，既富有诗意，又富有力度。

生2：我欣赏的是"情感抒发之美"。东坡居士有书画文学之才，却因多才而锒铛入狱，最终被贬黄州。政治上的不得志，让他心中充满无限的积郁和愤懑，却成就了他这首"昔时今日"的宋词长调。诗中寄情于景，虽有着消极避世之情，但也表现了作者旷达的胸襟和旷达的心态。

师：你提到了抒情方式。还可以这样分析：写景抒情，写人抒情；还可以这样表述：怀古抒情，用典抒情；还可以说：直接抒情，间接抒情。抒情方式在这篇名作里也是丰富多彩的。

生3：我要说的是"景物描写之美"。"大江东去""乱石穿空""惊涛拍岸"等景物，不仅写出祖国大好河山的壮美，同时衬托出千古风流人物的豪情。其中穿插了比喻、夸张等手法，让人有身临其境之感，仿佛让人走进了壮美的画面之中。

师：很好。第一句写景，气势恢宏，笼盖全篇。"乱石穿空"，富有画面感、立体感，"拍岸""惊涛"写声音。作者在这里以景衬人：周瑜指挥若定，谈笑间樯橹灰飞烟灭。

生4：我赏析的是"人物描写之美"。苏轼立于波涛汹涌的大江边，看到滚滚长江水，不禁联想到硝烟弥漫的战场上的英雄豪杰，词中描写了周瑜这位少年得志、雄姿英发的将领，将他指点江山、谈笑间把曹军打得溃不成军的英雄气概表现得淋漓尽致，也借此抒发了在无奈岁月中，作者早生华发的悲哀。

师：作者写景是为了写周瑜，写周瑜是为了写自己。周瑜的形象越完美，作者的心情越感伤。所以作者感叹："故国神游，多情应笑我，早生华发。"

…………

学生的论析与教师的对话自然、流畅、和谐，表现出灵动之气。

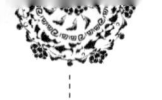

14. 教学创意讲究"丰"

教学创意讲究"丰",指的是课堂教学要有一定的容量与厚度,让学生在学习中真有收获、大有收获。

课堂教学内容丰富,应该是每位语文教师的不懈追求。即使在一节课内,我们也可以运用非常多的方法来使教学的内容丰厚起来。

一课多用:利用课文蕴含的教学资源进行朗读能力、分析能力、阐释能力等不同层面的能力训练。

整体反复:多次利用短篇课文或课文中的精美片段,多角度地设计品读活动,每用一次都变换一种教学角度。

课文联读:从某篇课文延伸开去,将相同内容、相同手法、相同形式的作品"联"在一起,进行有序推进的课堂教学。

一次多篇:巧妙处理,在一次教学中完成教材中的"一课多篇"的教学,如"杜甫诗二首""寓言两则"之类。

顺势穿插:在教学中穿插资料卡片,或在学生的品析活动之后,教师进行活动小结,顺势进行知识讲析。这些方法,甚至能让内容单薄的课文也在教学中变得丰厚起来。

专题探析:或对课文进行美点欣赏,或对课文进行妙点揣摩,或专门探析作品的手法之美,或专题欣赏课文的语言。

以写带读:以"写"为学生主要的实践活动,通过"写"的活动自然而然地让学生理解课文内容并积累丰厚的学习资料。

精粹讲析:教师设计课中微型讲座之类的活动,就课文内容进行知识讲析,并强调学生做好课堂学习笔记。

让教学内容丰厚的"天敌"有两个:一是在教材处理上,教师摆脱不了"就课文教课文"的束缚；二是在教学方式上，教师摆脱不了最低效的碎问碎答的教学方法。这些需要我们在教学设计中予以优化。

下面从"一课多用"的角度展开《狼》的教学创意："三读一写"。

活动一：读注释。

学生自读课文注释。

教师调控，重点理解八个字词、短语的意思：

  并驱如故：像原来一样一起追赶。

  窘：困窘，处境危急。

  积薪：堆积柴草。

  少时：一会儿。

  瞑：闭眼。

  意暇甚：神情很悠闲。意，这里指神情、态度。暇，空闲。

  寐：睡觉。

  黠：狡猾。

活动二：读全文。

全班同学自读自讲、互读互讲课文内容。

教师调控，理解八处字词的用法：

  晚归：在很晚的时候回家。

  止有剩骨：止，通"只"。

  犬坐：像狗一样蹲坐着。

  数刀：砍了好多刀。

  洞其中：在其中打洞。

  隧：指从柴草中打洞，钻洞。

  盖：有"原来是"的意思。

  几何：多少。

活动三：读精段。

全班同学在教师的指导下朗读、背诵、译读、品析下面文字：

少时，一狼径去，其一犬坐于前。久之，目似瞑，意暇甚。屠暴起，以刀劈狼首，又数刀毙之。方欲行，转视积薪后，一狼洞其中，意将隧入以攻其后也。身已半入，止露尻尾。屠自后断其股，亦毙之。乃悟前狼假寐，盖以诱敌。

活动四：写段落赏析。

教师先写出对课文第一段的赏析短句：

　　第一段：写屠夫遇狼，点明时间、地点和矛盾的双方，这是故事的开端。

然后请学生仿写对课文第二、三、四段的赏析短句：

　　第二段：写屠夫惧狼，表现屠夫的迁就退让和狼的凶恶贪婪，这是故事的发展。

　　第三段：写屠夫御狼，表现屠夫的抉择果断和狼的不甘罢休，这是故事的进一步发展。

　　第四段：写屠夫杀狼，表现屠夫的勇敢机智和狼的狡诈阴险，这是故事的高潮和结局。

一个课时，"三读一写"，学生收获丰厚。

15.教学创意讲究"趣"

教学创意讲究"趣",是为了让学生自觉地、快乐地、专注地参与学习,从而有更好、更美、更丰富的学习收获,并享受学习过程中的乐趣。

语文教学中的"趣",不是教师着力鼓动、煽情所形成的氛围,不是让已经理解了课文内容的学生配合自己玩猜一猜的游戏的浅陋做法,不是逗乐学生的"表演"……教学活动中的"趣",是在雅致的教学氛围中对学生的"激趣",是学生确有辛苦的体验而又觉得颇有味道的学习过程。

可以说,教学创意讲究"趣",是为了让学生享受到"有味道的学习过程"。设计"趣"教活动,对教师有如下基本要求:第一,着眼于课文阅读教学中的一个环节、一个板块,或一次活动;第二,教学活动的重点仍然是利用课文对学生进行阅读品析能力的训练;第三,这种带有趣味性的品读活动是需要引导班上所有同学参与的集体研习活动;第四,有"趣味"的教学方法偶尔可用,但不可常用,教学要常教常新,这本身也是一种教学趣味。

下面以《与朱元思书》为例进行多角度说明。

第一例:教学开始时的趣味活动。

教师说"一句话"的"导入语":这是一篇山水小品。然后请学生接着往下说几句话,于是就有学生感兴趣的"接着说"。教师最后告诉大家,课文的"导入语"可以这样说:"作者以简练隽永的笔墨,描绘了一幅充满生机的大自然画卷。让我们一起来欣赏作者是怎样抓住山光水色的特点来模山范水的。"

第二例:文意理解时的趣味活动。

与朱元思书

/ 吴均 /

风烟俱净，天山共色。从流飘荡，任意东西。自富阳至桐庐一百许里，奇山异水，天下独绝。

水皆缥碧，千丈见底。游鱼细石，直视无碍。急湍甚箭，猛浪若奔。

夹岸高山，皆生寒树。负势竞上，互相轩邈；争高直指，千百成峰。泉水激石，泠泠作响；好鸟相鸣，嘤嘤成韵。蝉则千转不穷，猿则百叫无绝。鸢飞戾天者，望峰息心；经纶世务者，窥谷忘反。

横柯上蔽，在昼犹昏；疏条交映，有时见日。

教师指出，此文结尾处的四个短语，在位置上显得有点突兀，不合常理。这也许是流传中的一个美丽的错误。我们能不能将它"归位"到课文之中去呢？

这种"移动"文句的任务让学生兴趣盎然。讨论的结果是，如果将这四个短语"移"到"皆生寒树"之后，则全文就形成了规范的叙议结合的文章形式。

第三例：教学收束时的趣味活动。

教师说："我们用一种特别的方式来表达学习感受，请每位同学仿照下面的句子写两个四字短语，如：山光水色，美景奇异——读《与朱元思书》有感。"

学生"写"的角度丰富、内容美好：

写景小品，清词丽句——读《与朱元思书》有感
情蕴山水，意趣悠长——读《与朱元思书》有感
美景佳境，秀丽江山——读《与朱元思书》有感
意境清新，情韵悠长——读《与朱元思书》有感
奇山异水，令人神醉——读《与朱元思书》有感
奇山异水，放旷情怀——读《与朱元思书》有感

清新自然，简练传神——读《与朱元思书》有感

山水画卷，美妙乐章——读《与朱元思书》有感

诗情画意，富有情韵——读《与朱元思书》有感

奇异美景，令人神往——读《与朱元思书》有感

构思精妙，笔法多变——读《与朱元思书》有感

……

我们还可以就此课的教学设计出"美点赏析""课文美写"的趣味学习活动。

16. 教学创意讲究"雅"

当前，语文课堂教学中的俗套与虚假，已经是比较普遍的现象了。林林总总的平俗手法、教学假象让人揪心：导学案永远是千篇一律的结构；音乐声、掌声充斥课堂；教师时不时给学生的发言打分；学生们熟练流畅地进行小组展示；写作活动中不到1分钟学生就可以生动地朗读习作；教师常常对学生说"你们喜欢怎么读就怎么读"；无论学生有什么样的问答，教师总是以"非常好"来点评；学生从小学入学到初中毕业，很多次被要求"对爸爸妈妈讲一句话"；"四步见效""五步达标"之类的粗浅模式泛滥成灾……

我们的语文教学，需要"脱俗"，需要"归真"。我们的教学创意，需要讲究一个"雅"字，我们需要优雅、高雅的充满智趣的语文课堂教学。

教学创意讲究"雅"，在备课、教学上有8个方面的基本要求。

（1）教学设计中少安排非语言文字的教学方法。比如，在课始课末少用以音频视频来渲染氛围的方法。

（2）不在教学设计中频繁使用大家都在使用的平俗手法。比如，总是要求学生用规定的句式说话、写话。

（3）锤炼教师的课堂教学用语。多用简洁优美的书面语言，尽量克制碎问，尽量避免单调重复的评价，尽量少用拿腔拿调的语气说"给他掌声"之类的话。

（4）简化教学思路。形成有动有静、动静有致的课堂教学氛围，杜绝提问到底、展示到底、交流学案到底的单调浮躁的教学方式。

（5）深化教学内容。课堂教学专注于学生语言学用、技能训练、知识积累、学法实践的教学活动的设计与组织。

（6）美化教学手法。尽可能地避免长期运用单一手法进行教学，多引导学生美读、趣读课文，多设计富有情趣的集体训练活动。

（7）细化活动设计。有机地恰切地设计与安排课堂诗文朗读训练、文学欣赏训练、微型写作训练、学习方法训练等高雅的课堂实践活动。

（8）优化教师的专业技能，提高教师的职业素养。语文教师要特别注意提高朗读教学的水平、文学欣赏的水平、课堂对话的水平，以及精致地讲析的水平。

下面从讲究"雅"的角度介绍《土地的誓言》的教学创意。

创意说明：就课文本身的表达而言，此课的教学必须考虑到课文情感抒发的真挚热烈和语言的生动优美。课文教学活动主要采用剪辑课文片段并深情朗诵的方式。

课始以艾青的名诗《我爱这土地》深情导入，教师简介作者生平事迹、"九·一八"事件。

活动一：初读课文。

活动目的：初知课文内容，体会课文浓郁的抒情性。教师让学生找出课文中写得最富有感情、最能打动自己的语句，然后读一读，背一背。

活动二：精心剪辑。

活动目的：深读课文，提取课文内容的精华。教师组织精选课文内容的活动，请学生默读课文，从《土地的誓言》中"选"出四"块"完整的内容——序曲、故乡、土地、誓言，从而形成有内在情感联系的课文朗诵稿。学生活动，师生对话。

活动三：深情吟诵。

活动目的：吟诵朗读，感受语言，表达深情。教师组织不同形式的吟诵活动，让诗中语言的精华、炽热的情感渗透到学生的心灵之中。

最后教师深情地进行学习小结。

17. 什么是教材处理

所谓教材处理，就是教学中的课文处理，即有技巧地高效地利用课文，充分地角度精致地运用课文中的教学资源。

简言之，教材处理就是教学中的"教什么""选什么教""教什么最好"。教材处理的艺术就是科学地、有技巧地、目标明确地组织教学内容的艺术。

或者说，教材处理就是：如何利用课文，利用课文干什么，利用课文达到什么目的。

教材处理的基本理念是：简化头绪，突出重点，加强整合，优化教学内容。教材处理简洁的说法就是：简化，优化，美化。

教材处理研究的内容主要有：教读课文与自读课文的处理，长篇课文与精短课文的处理，繁难文章与浅易短文的处理，文体特征不同的各类课文的教学处理等。

教材处理研究的着眼点是：科学地系统地对教学内容进行提炼、精选、整合。

教材处理研究的着力点是：尽可能实地运用教材，尽可能活地运用教材，尽可能精地运用教材，尽可能巧地运用教材。

教材处理研究的制高点是：利用教材积累知识、训练能力、教给方法、发展智力。

教材处理研究的细节是：整体处理、长文短教、难文浅教、短文细教、浅文趣教、美文美教、一课多篇、选点突破、穿插引进、课中比读、课文联读、一课多案……

教材处理的水平能够体现一位教师进行阅读教学的基本素养。

在"教材处理"四个字面前，任何课文的教学都充满了难度。

教材处理的能力是语文教师最难练就的教学能力之一。原因在于，教材处理是教师在研读教材之后设计教学创意之前的对教学内容进行艰苦提炼的环节。单篇课文的剪裁取舍，课文利用角度的选择，重点、难点、美点的确定与突破，教学程序的谋篇布局，是最为细腻复杂的需要反复斟酌的颇费心智的艰苦过程。

教材处理研究的直接效果，一是优化教学内容，二是提高教学效率。

现在我们来看教学杜甫的《望岳》时几种不同境界的教材处理方式：

望　岳

/杜甫/

岱宗夫如何？齐鲁青未了。
造化钟神秀，阴阳割昏晓。
荡胸生曾云，决眦入归鸟。
会当凌绝顶，一览众山小。

境界一：基本上不进行教材处理。教师介绍作品的背景，补充注释，疏通句义，概括每一联的内容。学生自由朗读，译说文句，背诵课文。

这样的教学，让学生读懂了课文。

境界二：主要从知识教学的角度对教材进行处理。教师介绍作家、作品，师生共同解决"岳""岱宗""齐鲁""造化""钟""阴阳""曾""眦"等字词的认读问题。教师指导学生朗读课文，译说课文，概说每一联在诗中的作用。教师指出最后一联诗的来由，学生背读课文。

在这样的教学中，学生读懂了课文，增长了知识。

境界三：主要从能力训练的角度对教材进行处理。整体理解活动，介绍诗歌背景，疏通疑难字词。朗读活动，体味诗中最需要朗读出味道的一个词和一个句子。译写活动，诗意地写出本诗的译文。赏析活动，用评点的方式进行诗联欣赏。

在这样的学习活动中，学生不仅读懂了课文，还提高了诗歌品析能力。

可见，教师教材处理的水平，决定着课堂教学的美感和学生训练的效果。越是实在而巧妙的教材处理方法，越是需要教师对课文进行美读、细读、深读、品读。

18. 教材处理的重要前提

教材处理，就是实实在在地用好用足课文。

教材处理，就是利用课文扎扎实实地训练学生的读写能力。

教材处理，就是认认真真地设计由学生进行的充分的课堂实践活动。

这些都依赖于教师对教材、课文精心的精致的研读。

教师的课文研读，是教材处理的关键前提。

课文研读的功夫，是语文教师的第一基本功。没有充分的课文研读，一定没有好的教学设计，也一定没有得体得法的教材处理。

教师阅读教材需真有所得，大有所得。这里除了认真的态度和反复研读的耐心之外，还需要有自己能用善用的阅读方法与一定的学问功底。

下面是《社戏》的片段，它在日常教学中，一般是被舍去不用的（这也是一种教材处理方法）。舍去的原因：一、大多数教师是从记叙文而并非小说的角度来教学《社戏》的；二、它是课文的开头部分，不是最美的、最生动的段落，好像不需要品析欣赏。

社戏（片段）

这一天我不钓虾，东西也少吃。母亲很为难，没有法子想。到晚饭时候，外祖母也终于觉察了，并且说我应当不高兴，他们太怠慢，是待客的礼数里从来所没有的。吃饭之后，看过戏的少年们也都聚拢来了，高高兴兴的来讲戏。只有我不开口；他们都叹息而且表同情。忽然间，一个最聪明的双喜大悟似的提议了，他说，"大船？八叔的航船不是回来了么？"十几个别的少年也大悟，立刻撺掇起来，说可以坐了这航船和我一同去。我高兴了。然而外祖母又怕都是孩子们，不可靠；母亲又说是若叫大人一同去，他们白天全有工作，要他熬夜，是不合情理的。在这迟疑之中，双喜可又看出底细来了，便又大声地说道，"我写包票！船又大；迅哥儿向来不乱跑；我们又都是识水性的！"

诚然！这十多个少年，委实没有一个不会凫水的，而且两三个还是弄潮的好手。

外祖母和母亲也相信，便不再驳回，都微笑了。我们立刻一哄地出了门。

我的很重的心忽而轻松了，身体也似乎舒展到说不出的大。一出门，便望见月下的平桥内泊着一支白篷的航船，大家跳下船，双喜拔前篙，阿发拔后篙，年幼的都陪我坐在舱中，较大的聚在船尾。母亲送出来吩咐"要小心"的时候，我们已经点开船，在桥石上一磕，退后几尺，即又上前出了桥。于是架起两支橹，一支两人，一里一换，有说笑的，有嚷的，夹着潺潺的船头激水的声音，在左右都是碧绿的豆麦田地的河流中，飞一般径向赵庄前进了。

但从小说的角度看，这个片段集中地表现了一般小说开头部分所运用的众多技巧与笔法，是对学生进行小说知识启蒙教育的极好材料。

由"这十几个少年"，可以知道什么是"人物群像"。

由"双喜"可以知道什么是小说中的人物"出场"。

由"八叔的航船"能知道什么是小说中人物活动的"场景"。

由"双喜拔前篙，阿发拔后篙"可以知道阿发出场的作用，了解什么是"伏笔"。

由"母亲送出来吩咐'要小心'的时候"能知道它与后文的"照应"。

从这个课文片段可以知道什么是情节，什么是细节，什么是波澜。

从这个课文片段还可以知道小说的开头部分在全文中的作用。

于是，教师可以进行这样的教材处理：由一篇知一类，对学生进行小说阅读知识和阅读能力的启蒙教学。

像这样的启蒙教学，能够让学生以一知十。

19. 教材处理的关键是"选点"

教材处理，因为有"处理"两个字而表现出技术性的特点。教师要对教学内容进行简化与优化，就必须着眼于精选。"精选"二字，从教材处理的角度看，对任何课文都有同等的意义。它着眼于优化课文内容、精选课文内容、整合课文内容，是一种永远可用的基本操作手法。

所以说，教材处理的关键是"选点"，或者说，教材处理的关键技巧是在课文中"选点"。

每一篇课文的阅读教学，在把握文意的基础上，都应该有一两个或两三个着重用力的地方：或整体，或精段；或重点，或难点；或美点，或疑点；或结构，或语言，或人物，或手法，或审美，或品读等。

当我们把视点集中于课文教学的某项内容或某个部位或某种角度时，就带有"选点"的意味。"选点"式的品读，即针对课文的不同特点，选取课文的关键处、精美处、深刻处、疑难处、知识内容丰厚处、手法巧妙处、意义隐含处等"有嚼头"的地方进行细腻深入的教学，以达到深刻理解课文某一方面特点的目的。

教材处理中的"选点"手法，可以用三个关键词来概述：内容、部位、角度。

内容：如着力突现语言教学、情节分析、人物形象欣赏、文章章法审美、课文朗读训练、文中某项内容的集合等。

部位：如着力于品析欣赏课文的首段、课文中精美厚实的段落、课文里某几段或者某个部分。

角度：如从有利于整体阅读教学的角度，从有利于学生课中活动的角度，从有利于简化教学思路的角度，从有利于语言学用积累的角度，从有

利于学生能力训练的角度，从有利于表现教学艺术的角度，从有利于文章审美阅读的角度进行教材处理等。

选点品读的作用，一言以蔽之，就是有目的地利用课文，训练学生深读、美读、精读的能力。

需要强调的是，教材处理中的"选点"在教学中非常讲究与全篇课文的"呼应"。它不要求教师离开全文去单独"突破"课文中的一处、一段、一点、一项或一个部位，因为那样也是对课文的一种肢解。"选点"教学的内容必须与课文的其他部分相联系、相呼应，如此才能顺理成章，"点"外一定要有"面"。只有在完整的课文环境中的"突破"，其"选点"才有教学价值。

所以，"选点"式品析的教学过程，往往是这样一些主要教学步骤的组合：（1）局部切入——整体感受——选点品读；（2）局部切入——选点品析——回扣全篇；（3）文意把握——局部切入——选点品析；（4）整体理解——选点赏析；（5）文意把握——选点赏析之一——选点赏析之二；（6）整体理解——选点切入——深化研读——照应全篇；（7）整体把握——局部深读——细部美读；（8）感受文意——整体理解——选点品读……

笔者对《三峡》的主要教学过程是：反复朗读，感受文意；诗意译读，整体理解；选点品读，精段赏析。

选点品读的内容是，从不同的角度感受第三段文字的画面之美：

美在景物的摄取，有山有水，有动有静，有声有色，展现着三峡的雄奇秀美。

美在景物层次的清晰，先写江水，再写山岩，最后总写一句，可谓情景交融。

美在视角的变化，先从俯瞰的角度写"素湍绿潭"，再从仰视的角度写"悬泉瀑布"。

美在线条的组合，清流回旋，高山矗立，怪柏展姿，飞瀑跌落。

美在景物的映衬，深潭之上有浮动的倒影，绝巘之巅有苍劲的怪柏，山水之间挂着白练一样的瀑布。

　　美在宛如一幅清丽的山水画，又像一首流动的山水诗。

　　…………

20. 设计课文的整体阅读教学

整体阅读是阅读教学设计的核心思想之一。

教材处理的最为重要的要求之一，就是对课文进行整体阅读教学。新课标仍然强调课文的整体教学，其中有一句话表明了这种观点：在教学中尤其要重视培养良好的语感和整体把握的能力。

什么是学生对文章的整体把握能力？即能从文章整体的角度进行概括、进行思路分析、进行要点解说、进行美点欣赏、进行语言品析的能力。学生具有了这种阅读能力，就能够快速理解文章内容，准确辨识文章结构，感受文中的情感倾向，概括文章所表现对象的基本特征，理解文章的基本写法和表达技巧，品味具体语境中语言的表现力，揣摩文章的深刻含义或寓意。

整体把握能力，是学生或者说是任何一个人终身受用的非常重要的基本阅读能力。

课文的整体阅读教学，能够很好地培养、训练学生的整体阅读能力。

什么是课文的整体阅读教学？不用碎问碎答的方式对课文进行肢解式的教学就是整体阅读教学。

教师运用课文朗读、要点概括、信息提取、内容复述、语言评析、手法欣赏、课中集美、课文作文、再拟标题等方法或手段，将学生深深地吸引进课文之中，让他们从头至尾地阅读、咀嚼课文，从整体上把握、品析课文内容的教学，就是整体阅读教学。

课文整体阅读教学的鲜明特点，就是确定地解决课文一至几个方面的关键问题。这一至几个关键的教学问题，既能形成生动活泼的课堂阅读活动，又能对学生有力地进行阅读能力训练，还能表现出课堂阅读训练的精巧角度。

整体阅读教学是教材处理的一种手法，这种教材处理方式适用于一般的课文，特别适用于短小精致的诗文。它是最基础最简单的一种课文处理方式，也是最适合一线语文教师运用的教学设计思路和教学设计手法。

下面我们欣赏用一个课时完成郭沫若的《天上的街市》的教学创意。

教学铺垫：导入，背景资料的介绍。

主要活动一：朗读训练。

主要活动二：课文赏析。

收束教学：教师进行精致的知识讲析。

在这个创意中，本课的主要教学活动只有两个：朗读，赏析。可谓高度整合，非常简洁。

活动一着眼于整体感知课文、熟悉课文和情感品悟。在这个环节中，教师指导并训练学生朗读、演读、背读，教学层次清晰，教学过程细腻。

活动二着眼于课文的整体赏析。教师出示一个主话题"让我们一起来欣赏《天上的街市》的表达之美"，给学生5分钟左右的时间来思考与品析，然后组织学生阅读欣赏课文。在这个环节中，课文的章法之美、语言之美、音韵之美、画面之美、用典之美、想象之美、联想之美、情感之美、意蕴之美等诸多生动美好的内容就出现在了学生的视野中。

在这个教学创意中，朗读与赏析分别表现出两种教学的角度，假设还有时间，我们可以接着安排意境描绘的环节，那么就表现出三种教学的角度。

所以，整体阅读教学与教学角度紧密相连，一节课可以从两个、三个、四个不同的角度来呈现教学的过程与训练的内容，这就叫"整体反复，多角度品析"。

于是，我们就充分地利用了课文，设计了针对学生的充分的阅读训练活动，充分显现了教材处理的美感。

21. 多角度整体反复

多角度整体反复，是语文教师研读课文的一种方法。比如，将一篇课文研读八遍，研读十遍，每读一次都变换一次视角。

多角度整体反复，也是课堂教学中教师训练学生阅读课文、培养学生阅读能力的一种活动方式。比如，对一篇短文、一首诗歌，或者某篇课文中的一个部分，从不同的角度引导学生进行反复的阅读品析。

多角度整体反复，着眼于课文的整体阅读教学，引导学生从不同的角度反复深入地钻研、品读，表现出教师对课文教学资源充分、实在地进行利用的教材处理水平。

多角度整体反复，实际上就是课堂阅读活动的反复。每反复一次就形成了学生的一次阅读活动，多次反复就形成了完整的层次分明的课堂教学思路。

下面我们来设计泰戈尔的《榕树》的教学思路：

榕 树

喂，你这站在池边的蓬头的榕树，你可曾忘记了那小小的孩子，就像那在你的枝上筑巢又离开了你的鸟儿似的孩子？

你不记得他怎样坐在窗内，诧异地望着你深入地下的纠缠的树根吗？

妇人们常到池边，汲了满罐的水去，你的大黑影便在水面上摇动，好像睡着的人挣扎着要醒来似的。

日光在微波上跳舞，好像不停不息的小梭在织着金色的花毡。

两只鸭子挨着芦苇，在芦苇影子上游来游去，孩子静静地坐在那里想着。

他想做风，吹过你的萧萧的枝杈；想做你的影子，在水面上，随了日光而俱长；想做一只鸟儿，栖息在你的最高枝上；还想做那两只鸭，在芦苇与阴影中间游来游去。

活动一：美读。在这个学习环节中，训练学生的朗读能力。朗读训练的角度为：轻声地朗读课文，读出课文的层次，读好课文最后一段的韵味，最后达到背诵这篇课文的训练目的。

活动二：美说。在这个学习环节中，引导学生概说课文。教师请学生根据课文内容，说说《榕树》是一篇什么样的课文。其训练的目的，一是将学生深深地引入到课文之中，二是训练学生概括地进行表述的能力。比如：这是一首咏物抒情的诗歌，这是一首运用第二人称来抒情的诗歌，这是一首回忆童年时代甜美生活的诗歌等。

活动三：美析。训练学生理解文意、品析语言的能力。主话题：我在课文中品味到的一个平实而又重要的词。这个主话题的设计，起着牵一发而动全身的作用，能够让所有的学生进入到研读课文、静心思索、细细品味的学习情境之中，能够让学生品析到课文中很多词语的表达作用，从而达到既美读课文又深读课文的目的。如"池边"这个词很重要，"望着"这个词很重要，"想着"这个词很重要等，都是很好的品析所得。

活动四：美写。这是本课教学中的最后一个环节，请学生续写课文，以"他想做"领起，根据课文的情境与意境，续接末段，给课文再写一段话。这时的活动由"读"转到"写"，既是阅读分析与想象训练，又是语言学用与表达训练，也是对全班同学进行的集体训练。这是一个很美好的教学效率很高的教学环节，它能够让课堂教学形成优美的交流活动。

在以上四个教学环节中，课文都是以整体的面貌出现的，每一次训练活动，都有着自己的角度，四次教学活动，形成了多角度反复的教学过程与思路，四次课堂阅读活动，都是对学生进行的扎扎实实的训练。这就是多角度整体反复的教学设计。

22. 引导学生进行"文意把握"

文意把握能力，是学生最基本的阅读能力之一，也是一个人终身受用的基础阅读能力。

在课堂阅读教学中，引导学生进行"文意把握"，往往是课文教学中的第一个大的环节。没有这个环节，就不便于切入课文教学的其他内容；没有这个环节，整节课从一开始就会显得内容零碎。

引导学生进行文意把握，既是一种能力训练，也是教学中的重要步骤。其方法多种多样，可以说，每一种对路的方法都能表现出足够的训练力度。

如引导学生对《赫尔墨斯和雕像者》进行"文意把握"时可用的方法有如下六种。

方法一：文意概说。请每位同学写一句话，概括这则寓言的大意：

这则寓言通过赫尔墨斯自命不凡、主观臆断而在事实面前碰壁的故事，讽刺和批评了那些爱慕虚荣、妄自尊大的人。

这则寓言通过赫尔墨斯和雕像者的三问三答来展开故事，讽刺了那些自以为了不得其实远不如别人的人，给我们以深刻的启示。

方法二：朗读品味。请学生朗读课文并思考哪几个地方要读出人物的神采。学生品析、讨论，如下三处要读出人物的神采：

赫尔墨斯又笑着问道："赫拉的雕像值多少钱？"

于是问道："这个值多少钱？"

雕像者回答说："假如你买了那两个，这个算饶头，白送。"

方法三：层次分析。请学生分析这则寓言的两个层次并阐释这样划分的理由：

> 这则寓言可分为两个层次：第一层是文中的第一句话，这是概写一笔；第二层是文中的三问三答，这是细写几笔。

方法四：情节概括。请分析与概括这则寓言的故事情节。

故事的开端：

> 赫尔墨斯想知道他在人间受到多大的尊重，就化作凡人，来到一个雕像者的店里。

故事的发展：

> 他看见宙斯的雕像，问道："值多少钱？"雕像者说："一个银元。"赫尔墨斯又笑着问道："赫拉的雕像值多少钱？"雕像者说："还要贵一点。"

故事的高潮与结局：

> 后来，赫尔墨斯看见自己的雕像，心想他身为神使，又是商人的庇护神，人们对他会更尊重些，于是问道："这个值多少钱？"雕像者回答说："假如你买了那两个，这个算饶头，白送。"

方法五：信息提取。学生读课文，提取这则寓言的关键信息，找出五个关键字（词语）：

赫尔墨斯　尊重　问　值多少钱　白送

方法六：人物评价。朗读课文，请大家用几个成语或者四字短语评价赫尔墨斯这个人物的形象：

爱慕虚荣　自视甚高　自高自大　自命不凡　目空一切　妄自尊大

我们还可以运用其他方法，比如：说说初读课文的感受；给这则寓言再拟一个标题；自己给自己讲赫尔墨斯的故事；运用一定的句式，说说赫尔墨斯这个人物……

　　上面所说的"文意把握"的各种方法，不论是从正面入手的，还是从侧面入手的，都能把学生带到课文之中，都能从能力的层面对学生集体地进行比较有力的训练，都能形成让学生占有较长思考时间的课中活动。

　　如果是比较长的课文、分段较多的课文、情节比较复杂的课文、手法更加生动的课文，引导学生进行"文意把握"的方法更是角度丰富。比如，罗列行文提纲，用一句话多角度概说人物形象，论析课文结构，给课文中各部分加上诗意的小标题，利用课文的佳词美句概说课文内容，等等，都是可行易行的方法，都有四两拨千斤的效果。

23. 论析文章的结构

文章结构的辨析与分析能力，是一个人一生中重要的基本阅读能力。因为任何阅读的第一步，可能都会着眼于文本的结构。

从中小学的阅读教学来看，着眼于文章结构形式教学的常用术语有：首尾呼应，总分结构，先总后分，叙议结合，夹叙夹议，重章叠句，详略有致，起承转合，一波三折，横式结构，纵式结构，记叙的要素，新闻的要素，小说的情节结构，时间顺序，空间顺序，逻辑层次，主次分明……

所有这些术语，看似繁杂，但运用起来，则表现于阅读与分析的能力。所以，语文教师的阅读教学，不可淡忘对学生的文章结构论析能力的训练。

有的课文，是训练学生的文章结构论析能力的范本，如《大自然的语言》。现在我们试着利用它来训练学生的文章结构论析能力。

第一层次的话题：请学生分析《大自然的语言》段与段之间的关系，说明《大自然的语言》是极有条理的、非常讲究说明顺序的说明文。

说法一，第一、二段，说明什么是"大自然的语言"；第三段，介绍物候和物候学；第四、五段，介绍物候观测的对象和对农业的重要性；第六至十段，说明"物候现象的来临决定于哪些因素"；最后两段，阐述物候学对农业的意义。这就是《大自然的语言》的条理清晰的写作思路。

说法二，这篇文章从大自然春夏秋冬的物候变化开始，有序地介绍了：什么是物候→什么是物候学→物候学的作用→物候现象来临的决定因素→物候学研究的多方面意义。全文思路清晰，结构自然精巧。

说法三，《大自然的语言》思路清晰明了：描述物候现象——做出科学解释——分析因果关系——阐述研究意义。这种从现象到本质地进行说明的行文思路值得我们学习。

第二层次的话题：试阐释第六至十段的结构与顺序是非常有条理的。

说法一，第六段是一个设问句，其实就是"总说"，"首先""第二""第三""此外"由主到次地表现了"分说"，这一部分呈"总分主次式"结构，条理非常清晰。

说法二，"首先"一段，说的是北寒南热的普遍现象，所以放在第一位；"第二"一段，说的是同纬度沿海和内陆地区物候现象的差异，范围小多了，所以次之；"第三"一段，说的是山区、同一个地点物候现象的高下差异，范围更小，因此再次之；"此外"一段，说的是要经过长久的时间之后才能观察到的物候现象的差异，于是放在最后。所以，这一部分由主到次、由空间到时间的逻辑顺序非常严密，条理非常清晰。

第三层次的话题：阅读课文的第一段，赏析它的精美结构。

> 立春过后，大地渐渐从沉睡中苏醒过来。冰雪融化，草木萌发，各种花次第开放。再过两个月，燕子翩然归来。不久，布谷鸟也来了。于是转入炎热的夏季，这是植物孕育果实的时期。到了秋天，果实成熟，植物的叶子渐渐变黄，在秋风中簌簌地落下来。北雁南飞，活跃在田间草际的昆虫也都销声匿迹。到处呈现一片衰草连天的景象，准备迎接风雪载途的寒冬。在地球上温带和亚热带区域里，年年如是，周而复始。

说法一，这一段按春、夏、秋、冬的时序进行描述与说明，语言生动，层次清晰。

说法二，这一段可分为两个部分，第一部分按季节时令进行描述，第二部分进行规律简说，内容丰富，结构简明。

换个角度看，这个训练方案的取材内容呈"大""中""小"的结构形式，同样显得精致美观。

24. 什么是教学思路

教学思路，就是有序的教学步骤，从阅读教学的角度讲，是教师在提炼、整合课文教学资源的基础上设计的利用课文进行训练的活动流程。

或者说，教学思路指的是简洁导入、背景铺垫、选点切入、文意品析、深化理解、课堂小结等读写结合、动静有致、重点突出的有序的教学过程。

也可以说，教学思路是教师对教学过程所进行的思考、安排与策划，它是教学的规划与蓝图，它表现出来的，就是清晰的教学步骤和层次。

不管是从科学的角度，还是从艺术的角度，我们都可以从教学思路上看到设计者的水平、风格和特色。

教学思路的设计，一要清晰，二要简明，三要实在，四要灵动。

由于课文的教学资源不同，被利用的角度不同，每篇课文都应该有其简明生动的个性化的教学思路。即使就同一篇课文来讲，由于课文处理的角度不同，也可以设计出几种不同的教学思路，使课文的阅读训练过程更加灵活多姿。

教学思路是教师在深入研读课文的基础上，着眼于有效开展课堂学习活动而产生的，其设计追求美、新、巧、实的艺术境界。运用设计精致的教学思路上课，能够收到事半功倍的教学效果。

教学思路的表层现象是教学步骤清晰。因此它讲究教学过程的流畅之美，讲究彼此承接的层次之美，讲究前有铺垫后有深化之美。

教学思路的内在奥秘是关注课堂训练活动的巧妙变化。因此它讲究教学内容的组合之美，讲究教学双方的活动特别是学生的训练活动之美。

所以，教师在设计清晰的教学思路的同时，必须考虑课堂训练活动的

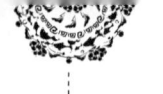

扎实推进。

如对曹操的《短歌行》的教学思路的设计：

短歌行

/ 曹操 /

对酒当歌，人生几何！譬如朝露，去日苦多。
慨当以慷，忧思难忘。何以解忧？唯有杜康。
青青子衿，悠悠我心。但为君故，沉吟至今。
呦呦鹿鸣，食野之苹。我有嘉宾，鼓瑟吹笙。
明明如月，何时可掇？忧从中来，不可断绝。
越陌度阡，枉用相存。契阔谈䜩，心念旧恩。
月明星稀，乌鹊南飞。绕树三匝，何枝可依？
山不厌高，水不厌深。周公吐哺，天下归心。

（1）两步式教学思路

第一步，吟读。活动方式：读。朗读吟诵课文五六遍，此中穿插字词的认读与句意的理解，最后全班同学读背。

第二步，品析。活动方式：写。活动的话题：《短歌行》的表达之美。每个学生都要动笔，写出自己赏析的内容，对话交流，教师小结，讲析此诗的几种特别的表达之美。

这个教学思路，简洁明了，既关照到了学生课堂训练的活动方式，又考虑到了活动方式的变化，思路清晰，处处落实，学生活动充分。

（2）三步式教学思路

第一步，学生自读。活动方式：读与讲。每个学生都要自读课文，利用课文注释和教师补充的注释自己讲解课文内容，还要朗读吟诵课文。活动的时间大约15分钟。

第二步，教师讲析。活动方式：听与记。教师充分利用文献资料，精心备课，给学生讲析"《短歌行》的引用艺术"，顺势解决课文难点。活动的时间大约12分钟。

第三步，学生赏析。活动方式：写与说。话题是：《短歌行》的比喻之美。每位同学独立静思，写出自己赏析的内容，然后交流、对话，教师小结，收束教学。

这个教学思路，线条简洁，板块清晰，步骤明朗，教学内容整合，教学头绪简化，教学重点突出，教师指导到位，学生活动充分。

25. 简说"板块式"教学思路

"板块式"教学思路，也称"板块式思路"，指的是在一节课或一篇课文的教学中，从不同的角度有序地安排几次呈"板块"状分布的教学内容或教学活动，即教学的内容、教学的过程呈板块状分布排列。

"板块式"教学思路不是教学模式，也不是具体的教学方法。它是一种教学设计的理念，一种策划课堂教学进程的要求，一种教材处理的方式。"板块式"教学思路的本质特点是，设计学生在课堂上的语文实践活动，并注意活动形式的协调与变化。

下面的提纲能够清晰地表现"板块式"教学思路的本质特点。

比如《假如生活欺骗了你》的"联读式"教学创意的思路。

序曲（导语，引入课文教学）

第一乐章《假如生活欺骗了你》（这个板块的学生活动主要是朗读，即朗读课文）

第二乐章《假如你欺骗了生活》（这个板块的学生活动主要是品析，即赏读字词）

第三乐章《假如生活重新开头》（这个板块的学生活动主要是写作，即创写小诗）

尾声（教师课堂小结，收束课文教学）

这个教学思路显著的特点是，既表现了教学内容的丰厚，又表现了学生课堂实践活动的协调与变化。

说"板块式"教学思路不是教学模式，是因为它是灵活多姿的，课文处理的角度不同，课文中的教学资源不同，教师所设计的学生活动不同，教学"板块"也就不会相同。

说"板块式"教学思路不是具体的教学方法，是因为"板块式"这三个字本身不能表示教法，具体的教学方法在"板块"内容的教学之中。

再看《古诗词三首》一个课时的教学思路。

《四时田园杂兴》：略读教学。学生活动：读，背，理解难点字词。

《乡村四月》：细读教学。学生活动：读，背，分层评点，美写诗句。

《渔歌子》：精读教学。学生活动：读，背，赏析本诗的表达之美。

这个教学思路的设计表现出三个方面的特点：第一，教材处理的力度有轻有重；第二，教学方法的变化自然得体；第三，学生实践活动的方式相得益彰。

正确运用"板块式"教学思路的秘诀，不在于想当然地设想并勾勒思路，那只是写在字面上的东西，而在于教师对课文教学资源精心地整合与提炼，并利用它们形成训练的步骤。如《赫尔墨斯和雕像者》的教学资源提炼如下：

①重拟课文的标题

②用整齐的句式概括这个故事

③分析文中故事的层次

④梳理、说明这个故事的情节脉络

⑤概括人物形象的基本特点

⑥演读课文，用朗读表现作品中的情景

⑦语言赏析，特别是对"笑"字进行品析

⑧品析课文中表现人物、展开情节的手法

⑨想象、续写故事情节的进一步发展

⑩论析、阐释这则寓言中的语文知识

⑪对赫尔墨斯这个人物形象进行心理分析

⑫对课文的更深寓意进行品味

这样的提炼让教师心知肚明，让教师知道了什么是"用课文教"。当某位教师选取上述训练资源中的①⑥⑧⑫四处并整合成一个教学创意时，他就是在运用"板块式"教学思路对学生进行有力度的训练。

69

所以，运用"板块式"教学思路的意义不仅仅只是形成了学生的课堂实践活动，还有非常重要的一面，那就是能够有力地提升教师研读教材的能力，有力地提升教师提炼课文教学资源的能力。

26. 美妙的"主问题"

"主问题"的概念，是笔者于《中学语文》杂志1993年第3期点评上海的徐振维老师《<白毛女>选场》教学实录时提出来的。那篇"教例品评"文章是《只提了四个主问题》。

徐振维老师的提问是：

现在让我们攀登第一个坡，找出例子，说明人物的动作是符合他的身份和性格的。

我们来爬第二个坡，说明语言也是符合人物性格和身份的，不同的人物对同一事物都有不同的语言。

再来爬一个坡，从同一人物对同一事物前后不同的语言，理解人物的性格在变化。

我们能不能再从一个角度，即从人物的只言片语来分析人物的身份和性格呢？

这四次提问，都是美妙的"主问题"。每一个问题，都引发一次研究、一次讨论、一次点拨。四个主问题形成四个教学的"板块"，结构清晰且逻辑层次分明。每个教学板块集中一个方面的教学内容，既丰富、全面，又显得有序、深刻，组成了完满的课堂教学结构。

由此我们看出，"主问题"不仅仅只是就课文内容对学生进行提问。

阅读教学中的"主问题"，是对课文阅读起着"牵一发而动全身"作用的重要的提问、问题、话题、任务、活动。

"主问题"的美妙在于能够形成学生占有一定时间长度的动静有致的课堂实践活动。

"主问题"的设计，在教学中表现出"一问能抵许多问"的新颖创意，每一个"主问题"都能覆盖众多的细碎问题，它成功地不再让学生立即说"是"或"否"，而是让学生带着任务去学习与钻研，让学习的过程成为学生探求某种结论的过程。

"主问题"与"板块式"教学思路有着天然的联系。"主问题"手法的运用，既能够形成"板块式"教学思路，又能够表现出对学生的训练力度。

下面用蒲松龄的《狼》的"主问题"设计来说明问题：

①请学生运用"情景表现"的方法朗读课文。
②先从"屠户"的角度，再从"狼"的角度，概括段意。
③尝试从小说要素的角度简析课文。
④分析课文层次，阐释各个部分的作用。
⑤请从"读诵注释法""分类集聚法""随文释词法"三种学习字词的方法中任选一种，自读、理解课文字词。
⑥《狼》的故事情节紧张曲折、层层相扣。给《狼》的每一段文字写30字左右的"课文点评"。
⑦请对课文进行"字词品析"，举例分析《狼》的字、词、句的表达作用。
⑧以"狡猾"与"机智"为话题，谈谈你对这个故事的理解。
⑨写短文分析《狼》中之"狼"。
⑩论析《狼》的"小说技法"。

上述10个教学要求，就是课堂阅读活动的"主问题"，都可以视为让学生深入品读课文的话题、活动、任务、抓手。解决其中任何一个问题都需要静心学习，都需要予以时间。如果我们选择其中的三个话题，那么它们可能就是一节课的教学框架。

于是我们知道：由几个"主问题"组织起来的课堂阅读活动呈"板块式"结构，每一个"主问题"在教学过程中都能形成有相当时间长度的课堂学习与交流活动，几个"主问题"层层深入，从不同的角度深化着课文内容的学习。"主问题"手法的运用，真正有利于课堂上"语文实践活动"的深入开展，有利于学生阅读技能的训练与提升。

27. 追求提问设计的高层境界

　　课堂阅读教学中的琐碎提问，是从小学到高中的教学痼疾。几乎没有语文教师能够避免这种顽疾带来的影响，在他们看来，似乎只有不断地提问才能推进教学。

　　琐碎的提问，是一种极坏的教学习惯。它用非常多的没有经过整合提炼的随口而出的提问来让学生就课文内容进行肤浅的解答。这种"问与答"形成了课堂上教师与一个一个的学生分别进行单个"对话"的局面，从而浪费了、耽误了集体训练的时间。这种"问与答"由于细碎而漫长、单调、机械，使语文学习过程中的情趣、情味损失殆尽，更不用说让学生有深刻的思考、饶有兴味的赏析、生动激情的论析和奋笔疾书的写作了。

　　琐碎提问的坏习惯，其本质特点是着眼于"教课文"，而不是"利用课文"增长学生知识、训练学生能力。由于很多教师习惯于碎问，所以他们并不着力于钻研教材并整合课文教学资源，教学的内容一般情况下会显得肤浅。可以说，一问到底的阅读教学，基本上是效率低下的教学，浪费的是师生生命中的宝贵时间。

　　如果我们要追求高效的课堂阅读教学，首先就要追求提问设计的高层境界：减少提问，增加活动；大量减少碎问，理性而诗意地策划学生的训练活动；大力革除陈旧的讲课习惯，代之以充分利用课文、设计充分有效的学生训练活动。

　　只有设计与安排形式丰富的课堂实践活动，才能有效地提高教师的备课水平；只有开展学生的长时间的课堂实践活动，才能让教师的不厌其烦的碎问停止下来。

　　请看《云南的歌会》的一个语段的教学：

这是种生面别开的场所，对调子的来自四方，各自蹲踞在松树林子和灌木丛沟凹处，彼此相去虽不多远，却互不见面。唱的多是情歌酬和，却有种种不同方式。或见景生情，即物起兴，用各种丰富譬喻，比赛机智才能。或用提问题方法，等待对方答解。或互嘲互赞，随事押韵，循环无端。也唱其他故事，贯穿古今，引经据典，当事人照例一本册，滚瓜熟，随口而出。在场的既多内行，开口即见高低，含糊不得，所以不是高手，也不敢轻易搭腔。那次听到一个年轻妇女一连唱败了三个对手，逼得对方哑口无言，于是轻轻地打了个吆喝，表示胜利结束，从荆条丛中站起身子，理理发，拍拍绣花围裙上的灰土，向大家笑笑，意思像是说，"你们看，我唱赢了"，显得轻松快乐，拉着同行女伴，走过江米酒担子边解口渴去了。

有教师这样进行提问：对歌的地点在哪里？对歌的内容是什么？为什么说"多是"？对歌的方式有哪些呢？什么叫"见景生情"？"即物"是什么意思？这里的描写表现了对歌的人什么样的特点？对方为什么"哑口无言"？你能够读出"轻轻地打了个吆喝"的味道吗？谁能告诉我什么是"江米酒"？你觉得对歌时最要注意的是什么？

这就是典型的碎问，典型的浪费时间，典型的低效教学，典型的无备课准备的随意教学。

现在我们就此段再来设计学生的课堂实践活动。

活动一，反复朗读课文，注意体味并读出三种"感觉"：层次感、情境感、情味感。

活动二，整理出此段课文的"字词学习卡片"。

活动三，写一段话，诗意地概说本段内容并例说其语言表达之美。

这就是活动设计，这就是在"利用课文教"，这就是提问设计的高层境界——将提问变成训练的任务。

28. 活用课文

阅读教学中，课文利用的角度与方法，似乎永远都表现出深不可测的神秘。

教学设计，从来不会给人以轻松的感觉；任何人面对课堂教学设计，不论是什么样的课文，都会有这样的感受：很难。

这里涉及一个重要的问题，就是如何活用课文、如何巧用课文。

从教学之本的角度来讲，我们需要深入扎实地探索教材运用的多种方式。换句话说，在日常的课文教学中，研究最乏力的可能就是"活用课文"——灵活多姿地多角度地利用课文进行教学。

一般而言，我们在大多数时候都将课文的教学处理为阅读教学的材料，在阅读教学之中又将课文处理为解读式教学的过程。

我们很少将阅读教材中的课文处理为专题学习的材料、作文教学的材料、口语训练的材料、思维训练的材料、学法实践的材料、知识教学的材料、语言积累的材料、修改语病的材料，或者改编创作的材料。

由于习惯的影响，我们对课文资源的运用远远不够充分，课文的多角度利用还远远没有进入大众教学的层面。设若再养成一种习惯：常常想着变换角度来处理教材，常常揣摩变换手法来处理教材，我们就可以常常思考并尝试着"活用课文"，这无疑是对课文资源的开发，同时也可让阅读教学设计的角度与手法更为丰富、生动。

以杏林子的《生命　生命》为例：

生命　生命

我常常想，生命是什么呢？

夜晚，我在灯下写稿，一只飞蛾不停地在我头顶上飞来飞去，骚扰着我。趁它停下的时候，我一伸手捉住了它。只要我的手指稍一用力，它就不能动弹了。但它挣扎着，极力鼓动双翅，我感到一股生命的力量在我手中跃动，那样强烈！那样鲜明！飞蛾那种求生的欲望令我震惊，我忍不住放了它！

墙角的砖缝中掉进一粒香瓜子，过了几天，竟然冒出一截小瓜苗。那小小的种子里，包含着一种多么强的生命力啊！竟使它可以冲破坚硬的外壳，在没有阳光、没有泥土的砖缝中，不屈向上，茁壮生长，即使它仅仅只活了几天。

有一次，我用医生的听诊器，静听自己的心跳。那一声声沉稳而有规律的跳动，给我极大地震撼，这就是我的生命，单单属于我的。我可以好好地使用它，也可以白白地糟蹋它。一切全由自己决定，我必须对自己负责。

虽然生命短暂，但是，我们却可以让有限的生命体现出无限的价值。于是，我下定决心，一定要珍惜生命，绝不让它白白流失，使自己活得更加光彩有力。

笔者把这篇文章"活用"为"中考作文复习指导"的优秀范文之一，把它视为初中毕业班学生必须掌握的一种基本构思形式并这样给学生讲析：

《生命 生命》在谋篇布局上表现出鲜明的"叙议结合、叠加反复"的特点。

叙议结合，指的是作者在描述了细微的生活片段之后接着进行议论或抒情；"叠加"指多角度、多次运用叙说性材料，"反复"指每次运用材料之后都进行议论或抒情，如文中的第二、三、四段就是。这是一种小巧、生动、严整的章法形式，可用来记事抒情、咏物抒情、写人抒情。它能够让我们的文章立意明确，情味深长；能够让我们将文面写美，将情意写深，将主旨写亮。

于是，这样的"活用"就显得别开生面，新意盎然。

29. 巧用课文

活用课文与巧用课文，有着差不多的含义。从教材处理的手法看，巧用课文更加需要教师研读教材时细心、精致、别出心裁，更加需要教师设计教学创意时精心思考、反复揣摩。

巧用课文设计教学活动的目的是为了更有情味地训练与提高学生的语文能力。

探求巧用课文的角度与方法，仍然是为了让学生更好地学习语言、积累知识与训练能力，仍然是为了让学生有更多的语文学习的实践机会。

巧用课文，表现为教师巧妙地利用课文设计学生的课堂实践活动，也表现为学生在教师的指导与引领下有兴趣地乐意地进行有一定难度的课文品析活动。

笔者认为如下课堂教学活动都与巧用课文有关。

文中集美：提取课文精华，集聚课文中的美段美句，形成精致美好的语言材料。

课内比读：组织课文内部的比较阅读活动，在反复品味之中探究课文奥妙，训练分析能力。

以读带析：在进行课文朗读训练的同时，进行课文的分析训练。

课文联读：增加课文教学的深度与厚度，将课文与其他课文或课外材料联系起来进行品读。

课文作文：在课文中选点生发，组织起当堂见效的微型写作活动，既有利于品读课文，又有助于语言学习与思维训练。

妙点揣摩：组织对课文的审美阅读、美点寻踪、妙要列举活动，在课文欣赏之中训练学生品析鉴赏的能力。

据文阐释：引导学生根据课文内容及表达特点进行阐释性的品读活动，以提高学生对表达作用与表达效果的品鉴能力。

专项品析：根据课文特点，专注于指导学生进行某个方面的品读赏析，以优化品读教学的细节，提高学生的品读能力。

还有，编写现代诗歌的分角色朗读的蓝本，用课文微型话题的方式组织讨论，引导学生编写一篇课文的"词典""句典"等，都是在巧用课文。

下面举一个巧用课文设计学生课堂实践活动的例子。

这是《假如生活欺骗了你》教学中的一个环节。

课文教学经过朗读体味、联读积累的训练后，准备进入课堂演讲的课中活动。

教师请学生观察课文，然后讲析：

> 《假如生活欺骗了你》中的几乎每一个句子，都可以视为一个"演讲"的题目。如"忧郁的日子里须要镇静"，如"一切都是瞬息"，如"心儿永远向往着未来"，如"相信吧，快乐的日子将会来临"……另外，用"引用"的方法来写话，这些句子也都是很有表现力的。请学生根据课文内容写一百字以内的"微型演讲稿"，要求用上这首诗中的一个句子。如：生活严酷的考验，伴随着每个人的一生。生活给予我们的磨难与痛苦，也许是我们特有的财富。在失意的时候，不要悲伤，不要心急。让我们拾起勇气，对生活微笑，然后奋勇前行。

学生写作，然后进行"课堂演讲"活动：

> 假如生活欺骗了你，何须绝望，何须放弃。生活永远会对你微笑，只要你努力去争取。面对困难，不要轻言放弃；经历磨难，不用唉声叹气。一切困难的克服，都将是难忘的回忆。
>
> …………

学生依次激情演讲，课堂教学进入高潮。

30.长文短教

长文短教，不论是从教材处理，还是从课堂教学效率的角度来看，都是合理的。从教材处理的角度看，它着眼于精读、美读。从课堂教学效率的角度看，它突现了教学的重点与难点。

长文短教，不论是从学习心理，还是从教学水平来看，都是必要的。从学生学习心理的角度看，它是在优化、简化教学内容。从教师的设计水平看，它是在整合、精选内容。

长文短教是一个能体现辩证思维的概念。很长的文章，我们可以进行短教。不太长的文章，我们可以将它处理得更短，总之是为了更加简洁、更加精练。

长文短教，其关键的教材处理技能就是"选点"。表现在教学设计上，主要可以运用8种手法。

（1）文意把握，选点精读：在概略地把握文意的基础上，重点突出对课文的一个部位或者一项内容的品读。

（2）点面结合，以点带面：大致把握文意，然后在对课文的一个部位或一项内容的品读中关联全文，更加深刻地理解全文的表达目的或表达技巧。

（3）要点概括，难点突破：运用要点概括的方法理解课文的主要内容，在此基础上着力于课文难点的研讨与分析。

（4）论析章法，品味语言：从分析文章层次、结构与谋篇布局入手理解文意，然后重点品析、提炼课文的语言表达特点，对课文的语言进行欣赏。

（5）速读课文，精析手法：用比较短的时间理解课文内容，用比较长的时间指导学生对文章的表达技巧、表现手法进行品评欣赏。

（6）巧用课文，能力训练：首先粗知文意，然后利用课文本身的结构或内容进行某种阅读能力、阅读技巧的训练。

（7）文意理解，人物赏析：在比较细腻地理解文意的基础上，突出对文学作品中人物形象的赏析。此中的人物赏析，也可以从侧面入手，处理为情节分析或细节赏析。

（8）课文浏览，话题讨论：引导学生浏览课文，知晓课文内容，然后根据课后练习组织有关语言特点分析、人物性格分析，或中心事件分析等。

总之，长文短教的教学设计，需要我们做到：选点精致一点，话题集中一点，整合巧妙一点，探究深刻一点。

下面我们来看梁思成的《千篇一律与千变万化》的教学创意。这篇文章有近3000字，设计"长文短教"，用一个课时来对学生进行有效的阅读训练。

教学设计的抓手：段。

学习活动一：通过"段"来进行文意把握。

讨论话题：这篇课文有15个自然段，请学生速读课文，标出段落，分析这15个自然段所表现出来的课文结构、层次与逻辑顺序方面的特点。

活动效果分析：这个讨论话题把学生引入课文，引导学生进行思维难度很高的阅读分析活动。在这样的活动中，有理性的观察，有细致的分析，有隐性的概括，有简明的阐释，能够达到文意理解、结构分析、顺序解说的训练目的。

学习活动二：通过"段"来进行赏析训练。

讨论话题：阅读课文的第十、十一两段（即"历史上最杰出的一个例子是北京的明清故宫"这一部分），分析这两段在全文中的作用和它们的表达效果。

活动效果分析：这一次的活动取材精要，学生有充分的思考与品析的时间，讨论的话题直击学生阅读能力的最高层次，既能品析到作者的用例手法，又能体味到这样的例子对作者论说"有'持续性'的作品""千篇一律与千变万化"等美学观点的重要作用。

31. 短文细教

一般而言，一千字以下的文章都可以视为短文。从课文的角度来看，短文指的是篇幅短小的诗文，它们往往是形式与内容都显得优美精致的诗与文。

研究短文细教，能够很好地提升教师的教学设计与课堂教学能力，能够确保大量短篇课文得到充分有效地关注与利用，从而确保教学效益，让学生有丰厚的学习收获。

短文细教，不是指字字句句都要读到问到，不是指让学生这里谈感悟那里谈感受，也不是指"学生喜欢怎么读就怎么读"，更不是指离开课文的语境横生枝节去进行什么"拓展"。

在这个方面，新课标强调得非常准确：教学中，"要防止逐字逐句的过深分析和远离文本的过度发挥"。

短文细教的"讲究"表现在：尽管课文短小，但教师提炼出来的教学内容却比较丰富，所设计的阅读训练的角度比较精致，所安排的品读活动的层次比较细腻，所使用的教学手法比较精巧。

下面是笔者为极短的课文《夸父逐日》设计的短文细教方案。

教学创意：精读、趣读《夸父逐日》。

细教一：在背景材料中顺势渗透知识

  神话是古代先民以幻想的方式集体创作的故事；

  "夸父逐日"是神话、成语、典故；

  人们常以"夸父逐日"比喻人有宏大的志向或巨大的力量与气魄。

细教二：指导学生精细地认读

①在"省略句""完形"的过程中读通课文

夸父与日逐走，入日；（　）渴，（　）欲得饮，（　）饮于河、渭；河、渭（　）不足，（　）北饮（　）大泽。未至（　），（　）道渴而死。（　）弃其杖，（　）化为邓林。

②尝试用成语印证如下字的意思

逐　走　渴　饮　泽　至　道　化

课堂笔记：美妙成语——逐鹿中原、不胫而走、求贤若渴、饮水思源、竭泽而渔、宾至如归、道听途说、化干戈为玉帛

③译读全文

夸父与太阳竞跑，追赶到太阳落下的地方；他感到口渴，想要喝水，就到黄河、渭水喝水。黄河、渭水的水不够，就去北方的大湖喝水。还没赶到大湖，就在半路渴死了。他遗弃的手杖，化成了桃林。

细教三：指导学生精细地朗读

角度一：读出文中的层次——分号短读，句号长读。

角度二：读出文中的波澜——由"雄壮"到"悲壮"。

课堂笔记：巧妙结构——《夸父逐日》全文共37个字：开端、发展、高潮与结局。

细教四：指导学生精细地品读

品味一句话："弃其杖，化为邓林"这句话在全文中的作用。

课堂交流：

这句话，表现了夸父的神奇，表现了神话的色彩。

它表现了一种勇敢追求、甘为人类造福的精神。

它以富有诗意的高度想象力，既丰满了英雄的形象，又使这个神话更具浪漫主义的魅力。

它告诉我们，人类与大自然的斗争，往往是失败的。但是人类总是以曲折的方式，显示其征服自然的理想。

83

细教五：在课堂小结中同样注意渗透知识

课堂结语：神话阅读的经典格言——人类借助神话在幻想中征服自然。

极短的《夸父逐日》，在这样的创意中，发挥了很大的教学效益。这就告诉我们，短文细读非常强调教师课文研读的水平和教学创意的水平。

也许可以这样说，在短文细教上进行过艰苦探求的教师，其教学效果一般会比较好，在教学设计上一般会有优秀的表现。

32. 趣味教学

趣教趣学应该是语文课堂教学中的常态，但现在说起来反而有几分凝重。教师的趣教，学生的趣学，在现在的语文课堂上太少见了。

有的课堂上，可以听到教师通俗的玩笑话，可以见到教师刻意地煽情，更有甚者，教师荒唐到"指导"学生击掌、跺脚……但这似乎都不是"趣教"。

那枯燥无味的导学案，那无边无际的题海，不仅无趣，就连"教"的味道也没有了。

阅读教学中的趣教，关键在于教师对学生课堂训练活动的设计。我们设计的课堂活动，应该让学生觉得有兴趣、有味道、有吸引力、有参与的可能，应该让学生觉得有挑战、有收获、有紧张感、有成功的愉悦。

阅读教学中的趣教，是高雅的有情味的语文教学，是用艺术的手法对学生进行更有效果的能力训练。

比如：背诵比赛，用词写话，修改课文语病，进行微型话题讨论，独立探究活动，课文集美活动，课文发现活动，想象性写作活动，阅读中的论析与辨析活动，对课文中的有关问题进行诠释与证明，能够表现学生个人能力的创意活动等，都是比较有雅趣的课堂活动。

笔者有一些教例中的活动设计，能够表现这种雅趣。这样的课不论是在城市学校上，还是在乡镇学校上，都很能吸引学生，都能让学生很有兴致地投入。

（1）教学《记承天寺夜游》时的微型话题讨论活动。这篇84个字的课文，除了"月色入户，欣然起行"这个地方要读出一点快乐的色彩以外，还有一个字也需要读出快乐的味道，这个字在哪里？请学生品析、品读。

（2）教学《狼》时的板书设计活动。板书设计是学生也可以做的事情，它能够表现学生的概括能力和创意水平。请学生用板书设计来表现自己对《狼》的独到理解。

（3）教学《夸父逐日》时的成语印证活动。请学生读课文，用成语印证的方法来认字识词。方法是：请你根据课文中的某个字联想一个含有这个字的成语，且二者的字义是相同的。例如："夸父与日逐走"的"走"与"走马观花"的"走"的意思是一样的。

（4）教学《背影》时的课文论析活动。请学生研读课文，感受文中之情，用举例论析的方式，说明《背影》的语言是抒情的语言。

（5）教学《艰难的国运与雄健的国民》时的文意浓缩活动。请你根据自己的理解，组合课文中的两个段落，以提炼全文的基本信息。

（6）教学《观舞记》时的文中选文活动。《观舞记》中"藏有"一篇微型的"观舞记"，它能够告诉我们什么是文章的形式美与内容美的高度契合，请学生观察课文，"找到"这篇充满美感的"观舞记"。

（7）教学《中国石拱桥》时的课堂练说活动。请学生阅读课文的第五段，学用"分要点按主次"进行说明的方式，说一段话，表达你对这段文字的分析与体会。

（8）教学《社戏》时的笔法赏析活动。请每位同学写100字左右的一段话，分析课文中"月下"二字的作用。

（9）作文专题训练课《有趣有味的"三步曲"》中的课中漫谈活动。文章写作中有一种形式，大致上通过三个步骤完成一篇文章的写作，请学生回味、思索，介绍你所读过的运用"三步成形"的方法写作的一篇文章。

…………

上述这些"趣读"的活动，其实都是用富有诗意的"主问题"来形成学生长时间的研读、思考与表达的活动，这是专为学生设计的实实在在的饶有情味的精美雅致的课堂实践活动。

33.一课多篇

一课多篇是指在一节课中教学两篇或两篇以上的文章,或在一次教学过程中教学几篇课文。

这样的教学设计,有时是为了丰富教学内容,有时是为了深化教学内容,有时是为了加快教学速度,有时是为了进行课文教学的详略处理,有时是为了实践课堂教学的设计技巧,有时则是为了顺应教材的编辑意图。

这样的教学设计,在选文上表现出两种方式:一是按照教材所编定的内容进行教学,如《杜甫诗二首》之类;一是根据教学设计的需要自选文章与教材上的课文配合起来进行教学,如将《白雪歌送武判官归京》设计为"边塞诗联读"。

这样的教学设计,在教材的处理上表现出多种多样的手法。

(1)比读式手法。运用比较阅读的方法进行课文教学。如《渔夫的故事》与《东郭先生与狼》的比较阅读。

(2)串读式手法。多篇课文彼此之间其实没有什么关联,只是先上一篇,进行过渡,接着再上一篇而已。如《杜甫诗二首》,先教学《望岳》,再教学《春望》。

(3)联读式手法。将多篇诗文围绕着同一个教学主题组织起来进行教学。如"古代送别诗联读""古代军营诗联读""古代咏雪诗联读"等。

(4)衬托式手法。选用多篇诗文的目的,是为了更加鲜明地表现一篇课文的特点。如余光中的《乡愁》的教学,引进多首"乡愁"诗来衬托其《乡愁》的特点。

(5)释难式手法。先进行铺垫,再进行阅读教学。如引进一篇短文,讲析研读的方法,然后指导学生运用这种方法去研读课文。

(6)详略式手法。在按照课文已经编定的课目进行教学时,有的详讲,有的略讲,有的不讲。如对《论文十则》《古诗词五首》这样的课文,可运用一课多篇的教材处理方式,进行详略有致的教学。

下面是《李商隐诗两首》的"一课多篇"的教学创意。

这篇课文的课后练习有3个:

(1)《锦瑟》是李商隐诗歌中最为难解的一篇,其主旨历来众说纷纭,有悼亡说、恋情说、自伤身世说等等。这首诗内容隐晦,意境凄美,语言华美,给人以丰富的想象空间,可以说每一联都代表了一种情境,一种心绪,你能试着说说吗?

(2)《马嵬》一诗,前人评论说"讽意至深,用笔至细"。你能从叙事的委婉方面说说"用笔至细",从对比反衬方面说说"讽意至深"吗?

(3)从小学到初中,从课内到课外,你读过李商隐的哪些诗?请以"我所知道的李商隐"为题,写一篇短文。

这3个练习需要我们在教学中进行覆盖,同时又启迪我们:首先在课始引入学生在小学、初中学过的李商隐的诗,然后略读《马嵬》,最后赏析《锦瑟》。这样就形成了一种详略式的诗歌联读方案。

第一步:回味(此次活动与课文练习3有关)

乐游原

向晚意不适,驱车登古原。
夕阳无限好,只是近黄昏。

教师分析:这是诗人对无力挽留美好事物而发出的深长的慨叹,大概李商隐的本意是感慨美好的事物与他没多少缘分。

夜雨寄北

君问归期未有期,巴山夜雨涨秋池。

何当共剪西窗烛，却话巴山夜雨时。

教师分析：这是李商隐写给远方妻子的抒情诗，现实与想象交织在一起，半是悲哀，半是温暖，含蓄中透露出思念之情。

第二步：简析（此次活动与课文练习2有关）

马　嵬

海外徒闻更九州，他生未卜此生休。
空闻虎旅传宵柝，无复鸡人报晓筹。
此日六军同驻马，当时七夕笑牵牛。
如何四纪为天子，不及卢家有莫愁。

讨论话题：简析《马嵬》诗中的"对比"。

第三步：鉴赏（此次活动与课文练习1有关）

锦　瑟

锦瑟无端五十弦，一弦一柱思华年。
庄生晓梦迷蝴蝶，望帝春心托杜鹃。
沧海月明珠有泪，蓝田日暖玉生烟。
此情可待成追忆？只是当时已惘然。

鉴赏话题：让我们试着揣摩《锦瑟》是一首与"恋情"有关的伤感的抒情诗。

这样，在一个课时里，进行了李商隐诗歌的串读活动，表现出一定的教学内容的厚度。

34. 把浅显的课文教得深厚一点

从编辑意图来看，为了增加课文类型的丰富性，教材编写者在任何学段的语文教材中都安排有非常浅显的课文。

比如《蚊子和狮子》，就是资深的课文之一，尽管连小学二年级的学生都能够读懂它，但它仍然长期坚守在初中语文教材之中。

遗憾的是，由于教学习惯的原因，我们对内容浅显的课文，往往在教学上也处理得很浅显。

比如《蚊子和狮子》，一些教学案例所表现出来的，无非就是读一读，说一说，演一演，谈一谈。有的教学案例表明，一节课下来，学生连笔都没有动一下。

应该说，在相应的学段中，凡浅显文章，都可以上得深厚一点。所谓"深"，就是教学问题的难度要大一点。所谓"厚"，就是教学内容的角度要丰富一点。

把浅显的课文上得深厚，在教学设计上要落实如下关键问题：第一，精读细研课文，从浅显的课文中发现、提炼有一定难度系数的学习内容与训练要点；第二，精心设计教学方案，力避浅显解读的教学层面，突现能力训练的过程；第三，适当提高教学的难度，摒弃那些一问即答的简单教学内容，而代之以学生奋力求索的研读体味；第四，给学生宽裕的活动时间，安排形式不同的活动方式。

把浅显的课文上得深厚，其要诀在于：少把课文视为"解读"的对象，多将课文作为"训练"的抓手。

下面是《蚊子和狮子》的两份思路相同的教案，对比之下，可以看到主要教学环节中的浅显与深厚：

蚊子和狮子

蚊子飞到狮子面前，对他说："我不怕你，你并不比我强。要说不是这样，你到底有什么力量呢？是用爪子抓，牙齿咬吗？女人同男人打架，也会这么干。我比你强得多。你要是愿意，我们来较量较量吧！"蚊子吹着喇叭冲过去，专咬狮子鼻子周围没有毛的地方。狮子气得用爪子把自己的脸都抓破了。蚊子战胜了狮子，又吹着喇叭，唱着凯歌飞走，却被蜘蛛网粘住了。蚊子将要被吃掉时，叹息说，自己同最强大的动物都较量过，不料被这小小的蜘蛛消灭了。

教案一

课文朗读：请学生有表情地朗读课文，再分角色朗读课文，要求不加字、不减字、不换字。

文意把握：复述课文大意，就下面提问表达自己的看法，即弱小的蚊子为什么能战胜强大的狮子？胜利的蚊子为什么会被小小的蜘蛛消灭了？

语言品析：请学生画出自己喜欢的句子，解释喜欢的理由。

寓意探析：请学生概括这则寓言的寓意。

教案二

课文朗读：一读，请学生用讲故事的语调朗读课文；二读，用朗读表现课文的层次；三读，尝试读出课文的起伏波澜。

文意把握：请每一位同学独立思考，用"写"的方式对《蚊子和狮子》进行情节分析，要求用对称的句式表达自己对故事情节的概括。

语言品析：请学生运用评点法，在具体的语言环境中分析某处语言的表现力。

寓意探析：从下面写作要求中自由选择一项，进行课堂写作，点示这则寓言的寓意。①写一个自己认为能够点示这则寓言寓意的成语或四字短语。②写一个较长的句子，写话时要求用上"优势"与"劣势"两个词。③写一小段话，写话时用上"偶然"与"必然"两个词。

可见，在相同的背景下，训练的难度不一样，教学的效果就大不一样。

35. 把繁难的文章教得浅显一点

教学难度大的课文，是每位语文教师经常面对的问题。

课文的难，往往表现在不大适合学生的年龄特点和心智发展的特点。例如苏教版七年级的《再别康桥》、北师大版八年级的《听听那冷雨》，都很难在相应的年级中教学。

课文的难，表现在其内容本身在教学中的难度。如初中语文教材中有《念奴娇·赤壁怀古》《鱼我所欲也》《中国人失掉自信力了吗》这样的课文，教师在教学中是比较难以把握的。

课文的难，很多时候是因为文意难以理解。不见得短文就不难，鲁迅先生的《雪》，最后一段的含义十分难讲清楚。苏教版教材中有一个"雪"的教学单元，选了四篇评论家的文章，都回避了这个难题。高中语文教材中的《锦瑟》，因为作品本身的表达目的不明晰而让不少教师无从下手。

课文的难，有时候也表现于课文表达中的"繁难"。如人教版八年级课文《奇妙的克隆》中有非常多的科学名词，文章很长且读起来处处有梗阻。

也有的课文文笔比较生硬，语病多，缺少文趣与情趣，学生读而生厌，这也属于教学中的"难"，如苏教版课文《送你一束转基因花》。

比较难上的课文存在于教材之中，是一种必然现象，不能因为其难度大就不去进行教学。我们说，浅文有时候需要教得深厚一点，那么，难文有时候也可以教得浅显一些。

难文浅教，是教师教材处理方面必须练习的一门重要技巧。思考得多了，尝试得多了，实践得多了，必定有深刻的领悟。

下面都是一些比较实用的方法。

（1）进行大量铺垫。如《香菱学诗》的教学，需要运用多则材料，把故事的背景和人物关系介绍清楚，为顺利地教学进行扎实的铺垫。

（2）变换品析方向。如七年级《再别康桥》的教学，不从爱情诗的角度而从校园诗的角度去进行教学，就能大大降低难度。

（3）巧设活动方式。如在小学里教学《七律·长征》，就不能像在初中里教学这首诗那样引导学生去进行有难度的品析。设计一个"透过诗句我想象到……"的话题，可以让学生有很多话说。

（4）预设一个角度。如《锦瑟》的教学，很难有教学的入口，无法"切进"课文进行教学，我们可以"假设《锦瑟》是一首爱情诗"，于是学生就有了品读鉴赏的抓手。

（5）力求读懂一点。即只是着眼于解决课文阅读中某一个方面的问题。如《中国人失掉自信力了吗》的教学，可以巧用课文后面的部分，让学生整理出"立论"的文章。

（6）重在语言学习。如《鱼我所欲也》的教学，可以设计学生的自读活动，教师指导学生从"一词多义"的角度在课文中提炼出十几组字词辨析材料。

（7）落实课后练习。如《驿路梨花》的教学，朗读课文，理解文意之后，可直接从课后的三个练习题入手，利用它们进行层次分明的品读教学。

（8）创新教学方法。如在七年级教学毛泽东的《沁园春·雪》，可运用资料助读的手法，师生共同收集一些解读的资料，在资料的帮助下比较深入地理解课文内容。

（9）教师直接讲析。教师讲析，学生听记，也不失为一种化难为易的好方法。如在八年级教学《邹忌讽齐王纳谏》，关于课文中的虚与实的表达技巧，就可以由教师进行课中讲析。

尝试难文浅教，是为了化解难点，更有效率地利用课文。这是一种策略，也是一种方法。在八年级教学毛宁的《梦回繁华》，"长文短教"并"难文浅教"，可能是唯一的教材处理方式，否则很难进行有效的课中训练。

把繁难的文章教得浅显一点，是一种教学的策略。无论怎样处理教材，有一个基本点是不动的：着眼于学生的知识积累与能力训练。

36. 充分利用浅易课文的教学资源

语文教材中的很多课文，是学生一读就懂的。

像这样学生一读就懂的文章，不少教师仍然在按照常规不厌其烦地教学——就是那种碎问碎答式的解读式的浅层次的教学，就是那种把学生已经懂了的内容全部都问到的教学。

如《农夫和蛇》的教学：

农夫和蛇

有位农夫，是村里村外有名的大善人。一个隆冬时节，他在村口遇到了一条冻僵了的蛇，他觉得这条蛇挺可怜，就发了善心，把蛇拾起来，放在怀里，用自己的身体去温暖它。

蛇得到了温暖，渐渐地苏醒过来了，等到它恢复了体力，活动自如时，便露出了残忍的本性，在农夫的胸脯上，凶狠地咬了一口。原来这是一条毒蛇，农夫受了致命的伤害。蛇毒很快布满了农夫的全身。当农夫到家时，求医治疗已经来不及了。

农夫在临死的时候对家里人说："你们要记住我这血的教训，我因为怜悯恶人，才受到如此的恶报啊！"

这篇两百多字的初中生一读就懂的课文，居然有不少近乎荒唐的教学设计。

如故弄玄虚的导入：

请学生谈谈蛇在自己心中的印象，自己有没有被蛇咬过？如果有，给大家讲讲，当时你的感受及想法是什么？

如弄虚作假的准备活动（注意"上课前"三个字）：

上课前将学生分成朗读、品读、积累、感悟四个小组，确定任务，进行探究性学习。

如敷衍了事的学习过程：

这则寓言故事比较简单，请两位同学上讲台，不看书把故事复述一遍。一个同学复述讲述的部分，另一个同学复述农夫的语言。要求复述人物语言的同学要做到表情语气准确。全班同学对他们的复述进行评价。教师在此基础上进行点拨。复述时要抓住"血的教训"，说话的语气要沉重一些。

如呆板的模式化的收束：

你想对这位农夫说些什么？对蛇这样的恶人，你怎样看待他们？

可以说，上述这些教学细节的设计，这样的教学内容，没有关注知识积累，没有关注能力训练，文章有多浅，教学就有多浅，文章很有序，教学却很杂乱，真正是在课堂上浪费学生宝贵的学习时间，也是在浪费教师自己的时间。

下面我们来分析、提炼这篇课文中的教学资源。

（1）它是朗读训练的材料。

（2）它是内容概括、情节分析、层次与结构解析的材料。

（3）它的第一段，可以用来分析文章开头部分的表达作用。

（4）它的第二段，可以用来品味文章语言的表现力。

（5）它的第三段，可以用来分析文章结尾部分的表达效果。

（6）这篇文章，可以用来做缩写训练、扩写训练、改写训练。

（7）这篇文章，可以用作提炼寓言表达特点的材料。

（8）这篇文章，可以用来引导学生体味分析其表现手法。

…………

据此，我们再来设计一个"利用课文训练能力"的教学创意。

（1）概写训练。每个学生写 100 字左右的课文简介，要求涵盖文体、人物、内容概说、情节分析方面的内容。活动时间 12 分钟左右。

（2）赏读训练。以"句子的欣赏"为主话题，请学生自选内容，赏析句子的表达作用和表达效果。比如，对"大善人""一个隆冬时节""放在怀里，用自己的身体去温暖它""凶狠地咬了一口""我因为怜悯恶人，才受到如此的恶报啊"等语句进行赏析。活动时间 15 分钟左右。

（3）提炼训练。请学生根据课文内容，从五六个方面来提炼寓言的表达特点。活动时间 12 分钟左右。

在这样的教学创意下，这篇课文可能就不是"浅显易懂"的了。

这就启迪我们，教师在对浅显课文进行教学设计前，首先要清醒地问自己：我把课文读得丰富多彩了吗？我对课文的教育教学资源进行提炼了吗？

37. 引导学生美读课文

美读课文这四个字，除了指美美地朗读吟诵课文之外，还有更加深刻的含义，就是从审美的角度来品析欣赏课文。

审美地阅读，从教师的角度看，需要"美用课文"，以此来培养、训练学生审美阅读的能力；从学生的角度看，则是在教师的引导下，对课文进行美的欣赏，从而提高美读文章的能力。

引导学生对课文进行审美地阅读，需要关注五个字：语感与美感。

"语感"是每一位学生都应具有的最基本的阅读能力，新课标中强调培养学生的这种能力——"语文课程应特别关注汉语言文字的特点对学生识字写字、阅读、写作、口语交际和思维发展等方面的影响，在教学中尤其要重视培养良好的语感和整体把握的能力。""尤其"一词，表现了这种强调。

从阅读来看"美感"二字，它是学生应当具有的最高层次的阅读能力。新课标同样关注学生审美能力的培养——阅读是运用语言文字获取信息、认识世界、发展思维、获得审美体验的重要途径。"审美"一词，在新课标中一共出现了七次，这也是一种强调。

中学语文课堂阅读教学中的审美教育，需要教师为学生设计审美的实践活动，让学生在实践活动中锻炼眼光、形成能力。

这种审美的阅读活动，一般称之为"美点赏析"。

教师指导学生进行"美点赏析"，需要进行一些讲析与示范，以对学生潜移默化地熏陶感染。如情感之美、画面之美、意象之美、音韵之美、语言之美、诗情之美、哲理之美、手法之美、意境之美、章法之美等词语，可以经常自然地出现在教师的课堂语言中。

课堂教学中的审美阅读活动，往往安排在课文教学的最后环节，在学生对课文已经有了比较深刻的了解的基础上进行。

(1) 着眼于文章某一段的审美的阅读，可以有很小的视点。如《荷叶母亲》的教学，可以引导学生品析最后一段的美妙：

母亲啊！你是荷叶，我是红莲。心中的雨点来了，除了你，谁是我在无遮拦天空下的荫蔽？

——比喻之美、抒情之美、点题之美、虚实之美、升华之美。

(2) 着眼于文章的某一部分。如《满井游记》的教学，可以引导学生对下面的内容进行美读欣赏：

廿二日天稍和，偕数友出东直，至满井。高柳夹堤，土膏微润，一望空阔，若脱笼之鹄。于时冰皮始解，波色乍明，鳞浪层层，清澈见底，晶晶然如镜之新开而冷光之乍出于匣也。山峦为晴雪所洗，娟然如拭，鲜妍明媚，如倩女之靧面而髻鬟之始掠也。柳条将舒未舒，柔梢披风，麦田浅鬣寸许。游人虽未盛，泉而茗者，罍而歌者，红装而蹇者，亦时时有。风力虽尚劲，然徒步则汗出浃背。凡曝沙之鸟，呷浪之鳞，悠然自得，毛羽鳞鬣之间皆有喜气。始知郊田之外未始无春，而城居者未之知也。

——画面之美、描叙之美、层次之美、色彩之美、动静之美、手法之美、句式之美、情致之美。

(3) 着眼于文章的整体，引导学生进行揣摩欣赏。如《散步》教学的主话题：课文十美欣赏——

美在小中见大的构思

美在倒叙式的开头

美在意味深长的结尾

美在故事中的波澜

美在景物描写的穿插

美在细节的描写

美在句式的精致
美在诗意的语言
美在照应的手法
美在生活中的情味

38. 什么是"课中活动"

2013年7月26日，第九届语文报杯课堂教学大赛在长沙举行。

初中赛场共有18节课参与竞赛，18节课中有15节是阅读课。赛课中产生的一些数据很让人深思：15节阅读课中有12节课没有让学生动笔；15节阅读课中，每节课让学生安静思考的平均时间只有3分钟左右；15节阅读课中，每节课教师提问的平均数量远超30次；15节阅读课中，每节课基本的教学活动就是"碎问碎答"。大量年轻的优秀选手表现出来的是陈旧的教学理念与陈旧的教学方法。

这是让人非常忧虑的教学现象。

当前，很多教师的课堂阅读教学，至今没有很好地解决学生的课中活动问题。那么，什么是课中活动？课中活动指的是在课堂读写教学中学生的语文实践活动。

语文实践活动，绝不是在课堂教学中教师长时间地零碎地提问和学生简单地回答的活动形式。新课标中反复提到语文教学中的实践活动问题：

语文课程是一门学习语言文字运用的综合性、实践性课程。

语文课程是实践性课程，应着重培养学生的语文实践能力，而培养这种能力的主要途径也应是语文实践。语文课程是学生学习运用祖国语言文字的课程，学习资源和实践机会无处不在，无时不有。因而，应该让学生多读多写，日积月累，在大量的语文实践中体会、把握运用语文的规律。

语文课程应注重引导学生多读书、多积累，重视语言文字运用的实践，在实践中领悟文化内涵和语文应用规律。

重视学生读书、写作、口语交际、搜集处理信息等语文实践，提倡多读多写，改变机械、粗糙、烦琐的作业方式，让学生在语文实践中学习语文，学会学习。

语文教学要注重语言的积累、感悟和运用，注重基本技能训练，让学生打好扎实的语文基础。

新课标对学生语文学习中的实践问题，表现出一种超乎寻常的强调，显现着学生的语文实践的重要性。

让学生在大量的、深入的语文实践中逐步掌握、运用语文的规律或语言文字的规律，是新课标的核心理念之一。

根据这样的要求来观察我们的课堂教学，哪怕是新课标颁布之后的很多年，我们都只能说：汗颜！在年深日久、积习难改的碎问碎答式的教学中，有多少教师在让学生参加有训练力度的实践活动呢？

组织学生的语文实践活动，有这样一些基本要求：

（1）学生有依靠自己的力量去完成的课堂学习任务；

（2）教师安排给学生的任务要有一定的难度与训练力度；

（3）学生如果没有比较长的时间，如3分钟、5分钟、8分钟，则不能完成这样的学习任务；

（4）学生所承受的学习任务包括听、说、读、写、思各个方面的内容，重点是背读的任务、分析的任务、欣赏的任务、写作的任务；

（5）相当多的课堂训练任务要表现出综合训练的特点，以学习运用语言和训练读写的基本技能为着眼点；

（6）教师要彻底抛弃碎问的教法，在课堂上给予学生大量的学习时间。

如《石壕吏》的课堂教学，教师可以设计这样的语文实践活动：①吟诵背读课文；②概写课文大意，分析诗的层次；③对诗句的表达作用进行评点批注；④描述故事情景；⑤改写、扩写《石壕吏》的故事；⑥将这首诗改编为独幕剧……

这样的活动，才是学生真正需要的课中实践活动。

39. 语文实践活动的设计要领

追求语文课堂中读写教学的高效率，教师必须注重优化学生的语文实践活动。

学生在课堂上的语文实践活动，就是由学生长时间进行的朗读、品析、欣赏、背诵、讨论、批注、写作、做笔记的活动。

学生课堂上的语文实践活动，着眼于学生语文素养的积累和读写技能的提升。教师应充分利用课文，设计对学生充分有效的训练活动。

一篇课文的教学，或一节阅读课的教学，其语文实践活动设计的要领是"三有"：有力度，有变化，有美趣。

有力度——所设计的活动有一定的深度，能够真正让学生有所思考，有所探求，有所历练，有所收获。有力度的活动就是有训练性的活动。

有变化——学生的课堂实践不拘泥于一种活动，而是讲求灵动，活动方式有变化。这种有变化的课堂活动能表现出教师的训练意识。

有美趣——活动的设计比较精致，能够让学生喜欢尝试与实践，能够让学生在活动中有"美"的感受，有"趣"的味道。有美趣的活动能够表现出教师的设计技巧。

下面我们根据"三有"的设计要领来开展《项羽之死》的片段细读的训练活动。

《项羽之死》的教学创意：全文理解，片段细读。即在理解全文内容的基础上切入到下面这个片段，进行课文细读。

项王军壁垓下，兵少食尽，汉军及诸侯兵围之数重。夜闻汉军四面皆楚歌，项王乃大惊曰："汉皆已得楚乎？是何楚人之多也！"项王则夜起，饮帐中。有美人名虞，常幸从；骏马名骓，常骑之。于是项王乃悲歌慷慨，自为诗曰："力拔山兮气盖世，时不利兮骓不逝。骓不逝兮可奈何，虞兮虞兮奈若何！"歌数阕，美人和之。项王泣数行下，左右皆泣，莫能仰视。

根据本段的内容与表达特点，此段阅读训练的抓手主要有：场面概括、段落诠释、层次分析、悲歌品析、人物评说、手法赏析、语言欣赏、作用解说、美感品味、课文诵读等。

我们可以这样来设计学生的实践活动。

实践活动一：课文诵读。

指导：一读，读得顺畅；二读，读清层次；三读，读出情景；四读，读好"悲歌"。

实践活动二：段落诠释。

话题：每位同学写一段文字，诠释这个片段的基本内容。

指导：学生如何诠释？首先概说全段内容，然后分析各层内容，最后阐释细节性的内容。每位同学的写作时间为6分钟左右。

师生对话，学生交流。

教师点拨：

> 这一段写项羽垓下被围，霸王别姬。重点写"四面楚歌"和"慷慨悲歌"的场面。写"四面皆楚歌"，渲染危急情势，表现败亡结局。写从容不迫悲歌别姬，表现英雄的末路多情，这一儿女情长的描述，使项羽的形象更加丰满。"左右皆泣，莫能仰视"，既从侧面衬托了项羽的悲情，又渲染了悲凉的气氛。

实践活动三：美感体味。

要求：请学生品析课文并表达自己的审美感受。每位同学都要用讲析的方式进行简洁的表达。

学生思考、表达，教师评点，师生对话。

教师小结：

> 这一段文字美在场面的描写，美在细节的刻画。司马迁写人物言

行的一个细节，一个场面都能构成故事。可以说，情节故事化是司马迁创作人物典型化的一个最基本的方法。我们可以运用这个观点来观察本课中其他场面与细节的描写。

可以说，上述"学生的实践活动"，表现了很好的教学设计要领——有力度，有变化，有美趣。

40. 利用课文的"部位"进行精读训练

在日常教学中，相当多的阅读课没有或者缺乏精读训练。

处处问，处处读，让学生肤浅地谈感受，浅层次导学练习的反复演练，频繁的小组活动，会让宝贵的学习与训练的时间从课堂上消失。

泛泛地读与说，并不能有效地培养与训练学生的阅读能力。

只有坚持进行的精读训练才能有效地形成学生终身受用的阅读与欣赏的能力。

什么是精读？粗略地讲，阅读中的文意把握、思路分析、层次划分、要点概括、词句品味、手法理解、表达艺术赏析、思想情感体味等内容的品读就是精读。

细一点讲就是：理解文章的中心、要素、顺序和结构方式；分析文章的思路、结构或层次；概括文章、段落的要点；在具体的语言环境中理解词、句的一般意义与深层含义或言外之意；品析词、句、段以及修辞手法的表达作用和表达效果；分析文章线索；理解多种表达方式的综合运用对表情达意的作用；在具体的语境中体会作者的态度、观点以及语言所表达的思想感情；分析作品的表达技巧或者手法，品味文中的表现手法及其作用；对文章的艺术特色进行赏析；概括人物、事物的特点；提炼与发现表达规律；从特定的角度如正面描写、侧面烘托、实写虚写、伏笔照应、以动写静、细节描写等角度进行品读欣赏，以及指导学生自由进行美点寻踪、妙要列举的赏析等，都是精读的训练。

精读的训练，一定需要教师的指导、引领与点拨，而教师教学设计的技巧，仍然在于教材处理。

对短篇课文，可用多角度反复的方法引导学生从不同的角度对课文进行品析鉴赏。

对长篇课文，由于课堂时间的限制，我们需要运用"选点"的教学设计技巧。在反复研读教材的基础上，可关注如下角度的教材利用：一是课文的部位，如对某个部分、某个片段的精读；二是课文某个方面的突出的表达技巧，如小说中的照应笔法；三是课文中某个方面的精美内容，如景物描写的赏析。有了这样的处理技巧，就有可能设计出比较到位的精读教学过程。

如下面对梁衡的《壶口瀑布》进行的精读训练，就是着眼于文章的"部位"的。

在文意把握的教学环节之后，切入课文的第三、四、五段，请学生赏析这三个自然段之间的关系，并重点赏析第四段文字的表达艺术：

> 黄河在这里由宽而窄，由高到低，只见那平坦如席的大水像是被一个无形的大洞吸着，顿然拢成一束，向龙槽里隆隆冲去，先跌在石上，翻个身再跌下去，三跌、四跌，一川大水硬是这样被跌得粉碎，碎成点，碎成雾。从沟底升起一道彩虹，横跨龙槽，穿过雾霭，消失在远山青色的背景中。当然，这么窄的壶口一时容不下这么多的水，于是洪流便向两边涌去，沿着龙槽的边沿轰然而下，平平的，大大的，浑厚庄重如一卷飞毯从空抖落。不，简直如一卷钢板出轧，的确有那种凝重，那种猛烈。尽管这样，壶口还是不能尽收这一川黄浪，于是又有一些各自夺路而走的，乘隙而进的，折返迂回的，它们在龙槽两边的滩壁上散开来，或钻石觅缝，汩汩如泉；或淌过石板，潺潺成溪；或被夹在石间，哀哀打漩。还有那顺壁挂下的，亮晶晶的如丝如缕……而这一切都隐在湿漉漉的水雾中，罩在七色彩虹中，像一曲交响乐，一幅写意画。我突然陷入沉思，眼前这个小小的壶口，怎么一下子集纳了海、河、瀑、泉、雾所有水的形态，兼容了喜、怒、哀、怨、愁，人的各种感情。造物者难道是要在这壶口中浓缩一个世界吗？

教师给学生点示如下赏析角度：（1）分析这段文字中的精美层次；

（2）阐释段中议论的作用；（3）欣赏其语言运用之美、细节描写之美；

（4）说说段中比拟手法的表达效果；（5）阐释本段文字在全文中的作用；

（6）根据本段文字说说对"情景交融"的理解。

如此才算是精读训练。

41. 利用"段"进行"读"的训练

在日常阅读教学中,教师对"句式"的训练是比较频繁的,因为检测与考试常常有此内容。但教师对"段"的读写训练,不论是在教学研究中,还是在课堂训练中,都比较少。可能是教师没有关注到"段"的训练价值,可能是教师没有这方面的教学习惯与经验,可能是因为检测与考试中很少有段落读写的身影。

其实,"段"的阅读,有多方面的训练功能与价值。我们可以对学生进行朗读能力的训练,有时候段的朗读比篇的朗读有更好的角度与方法;进行概括能力的训练,这种训练可以做得比较雅致,如"给画面命名";进行概说能力的训练,如复述段的内容;进行分析能力的训练,如划分段的层次并简说层意;进行段的品读训练,如品词析句、分析段的表现手法;进行段的赏析训练,如欣赏段在文中的表达作用与表达效果;进行语文知识训练,如给学生讲析段的结构形式"总分总""总分""分总"等。

这样的训练,都是利用课文进行的让学生终身受用的阅读能力的训练。

我们来看教学实例。下面这段文字选自曹文轩的《孤独之旅》:

那天,是他们离家以来所遇到的一个最恶劣的天气。一早上,天就阴沉下来。天黑,河水也黑,芦苇成了一片黑海。杜小康甚至觉得风也是黑的。临近中午时,雷声已如万辆战车从天边滚动过来,过不一会儿,暴风雨就歇斯底里地开始了,顿时,天昏地暗,仿佛世界已到了末日。四下里,一片呼呼的风声和千万支芦苇被风撼断的咔嚓声。

我们可就这一段文字设计如下精读训练:

(1) 朗读,以声传情;

(2) 概括此段文字的内容,划分其层次,指出这段文字的关键词;

（3）品析其语言的表现力；

（4）欣赏此段文字的美感；

（5）阐释这段文字在表现人物和推进情节上的重要作用。

这就是扎实的课文品读训练，这样的训练能够深入到课文的字里行间，它对学生阅读能力训练的有效性是经得起平时阅读或测评的检验的。

高考语文试题能够让我们清醒地认识到"段"的阅读训练的重要性。

请看2012年全国Ⅰ卷题中语用型概括题：

19. 请在下面划线处补写一句恰当的话，使它与后面部分构成一个完整的文段。不得超过20个字。（3分）

_____。音乐作品的"深度"有不同的表现形态。比较重要的形态通常有两种：一是"深刻"，二是"深邃"。大致说来，"深刻"是就作品的主题而言；"深邃"是就作品的意蕴而言。"深刻"诉之于意义，比较理性；"深邃"诉之于体验，比较感性。"深刻"如同在二维平面上的篆刻，是静态的；"深邃"却似三维空间中的景致，是动态的。西方音乐以"深刻"见长；中国音乐则以"深邃"著称。

这道题非常好。很明显，它就是在检测学生的概括能力。这个段是一个呈总分结构形式的段，是分为两个层次的段，要考生填写出来的句子就是段的中心句。当我们把答案句"我们欣赏与评价音乐主要看它是否有'深度'"填写在横线上的时候，这种感觉就非常明晰了。

42. 利用"段"进行"说"的训练

下面这段文字选自冰心的《观舞记》：

  北京的早春，找不到像她们的南印度故乡那样的丰满芬芳的花朵，我们只能学她们的伟大诗人泰戈尔的充满诗意的说法：让我们将我们一颗颗的赞叹感谢的心，像一朵朵的红花似的穿成花串，献给她们挂在胸前，带回到印度人民那里去，感谢他们的友谊和热情，感谢他们把拉克希曼姐妹送来的盛意！

  在教学中，很少有教师将这一段话作为阅读教学的内容，因为它是课文的最后一个段落。

  但从说话训练的角度看，这一段话却是很好的范文。

  在演讲中，它是致辞类演讲的优美范式：既可以用于欢迎词的表达，也可以用于欢送词的表达。

  它的表达技巧是：用点示对方的生活背景来说话，这就叫作得体；巧妙引用对方国度名人的话语，利用对方的文化背景来说话，于是就显得高雅；注意抒情句式的运用，在字里行间表达出深深的情意，因此就表现出说话人的真诚。

  下面这段文字选自茅以升的《中国石拱桥》：

  为什么我国的石拱桥会有这样光辉的成就呢？首先，在于我国劳动人民的勤劳和智慧。他们制作石料的工艺极其精巧，能把石料切成整块大石碑，又能把石块雕刻成各种形象。在建筑技术上有很多创造，在起重吊装方面更有意想不到的办法。如福建漳州的江东桥，修建于八百年前，有的石梁一块就有二百来吨重，究竟是怎样安装上去的，至今还不完全知道。其次，我国石拱桥的设计施工有优良传统，建成的桥，用料省，结构巧，强度高。再其次，我国富有建筑用的各种石料，便于就地取材，这也为修造石桥提供了有利条件。

在教学中，这一段话也不是课文阅读教学的主要内容。但从说话训练的角度来看，它是很好的用于思维训练与表达训练的范文。

它用"为什么我国的石拱桥会有这样光辉的成就呢"的设问开讲，既起"总说"的作用，又起"引发"的作用，还起"提醒"的作用。"首先""其次""再其次"表现出明晰的主次关系、详略关系与先后顺序，形成清晰的"要点式"说明的表达思路。

再看玛丽·居里的《我的信念》的首段：

> 生活对于任何人都非易事，我们必须有坚韧不拔的精神。最要紧的，还是我们自己要有信心。我们必须相信，我们对每一件事情都具有天赋的才能，并且，无论付出任何代价，都要把这件事完成。当事情结束的时候，你要能问心无愧地说："我已经尽我所能了。"

从说话训练的角度看，此段有着美好的作用。它告诉我们：第一，在一定的场合中，话语应该有激励作用；第二，要显现出说话的逻辑层次，这段话有两个层次，第一层说的是要有信心，第二层说的是如何做到有信心；第三，要运用美词说话，要运用短句说话。

除此之外，这段话在说话训练中还有特别微妙的作用：它是可以"被引用"的。如果有这样的表达——"居里夫人说过，'生活对于任何人都非易事，我们必须有坚韧不拔的精神'"——就可以让"说话"或"写话"顿时生色。

从学生学习语言、运用语言的角度看，我们还需要对教材、课文有精细的研究。在精细研究眼光的观察下，语文教材中到处都有可以反复使用的语言宝贝。

43. 探求朗读指导的角度之美

朗读教学或朗读指导教学，是很多语文教师教学素养中薄弱的地方。日常教学中，很少有得体的到位的角度细腻的朗读教学指导。

我们的教学指令在绝大多数情况下都是：请大声地读起来，请流畅地读起来，请有感情地读起来，请选择自己最喜欢的段落朗读。

日常教学中如果有朗读教学的话，主要有四种情形：一是教师自己范读课文；二是学生集体朗读课文；三是师生合作式或学生合作式朗读课文；四是教师讲到一个地方，随意地请学生读一个句子或者一个词。其主要特点是基本上没有训练性，缺少感染力，很多时候是为朗读而朗读。

朗读教学，对学生主要起着四种作用：一是情感体味，熏陶感染；二是训练朗读能力；三是丰富学生的语感；四是积淀学生的语文素养。

朗读教学，同样需要有强烈的利用教材的理念，同样需要重视利用课文对学生进行有效的训练。其中最重要的，是注重学生朗读实践活动的设计。

朗读实践活动的设计，应该做到时间长、角度精、入味深、遍数多，还应该做到少个体多集体、少碎读多整读，同时要关照到朗读训练与背读积累的同步。

优质的朗读训练活动，绝不只是让学生"出声"地读。语文教师在钻研教材、设计教学的时候，一定要深入地探求朗读指导的角度之美。

笔者在指导学生朗读课文《散步》的时候，曾经有这样的活动设计：

中速、深情地朗读全文，好像作者在写完文章后欣赏自己的作品一样。

读好文中的波澜，好像你一个人扮演着故事中的几个角色一样。

读好课文的最后一段，好像你是带着深深的体会给人家做示范朗读一样。

这样的朗读活动设计，注意到了教材处理，从全文朗读到局部朗读再到片段朗读，逐层细化，各有情景，各有角度，学生的朗读表现出一定的兴致，表现出一定的情趣。

笔者在《假如生活欺骗了你》的教学中，仅朗读体味活动就用去10多分钟。

朗读活动的设计有6个步骤。

（1）教师说，我要听听学生的朗读，请学生一齐读起来。

（2）教师指导，语速要控制，注意用重音表情达意，如两处"不要"，两处"一切"。

（3）教师讲析，这首诗歌的朗读要领，是读出它的旋律感。

假如生活欺骗了你

/ 普希金 /

假如生活欺骗了你，（平稳深沉地）
不要悲伤，不要心急！（乐观亮丽地）
忧郁的日子里须要镇静，（平稳深沉地）
相信吧，快乐的日子将会来临。（乐观亮丽地）

心儿永远向往着未来；（平稳深沉地）
现在却常是忧郁。（平稳深沉地）
一切都是瞬息，一切都将会过去；（响亮地亲切地亮丽地）
而那过去了的，就会成为亲切的怀恋。（乐观稳重地）

（4）这首短短的哲理诗，是许多人的座右铭。人们把它记在心中，用以鼓励自己，因此是可以用"内心独白"的方法来进行"朗读"的。让我们用轻微的声音来进行"内心独白"，让全班同学的轻声朗读浸润每个人的心灵。

（5）这首美好的说理诗，是作者给一个小女孩的题词，是对身处困难环境中的小女孩的鼓励与劝慰，因此可以用"劝慰"的方法来"朗读"。请学生两人一组，互相"说"诗。

（6）全班用朗读的方式背读，读出美妙的旋律感。

这样的朗读活动设计，其角度就显现了出来，于是就有了情景，有了情致。

44. 以朗读带动品析

朗读训练最适用于精短的诗文或美文片段，但在日常教学中，这种训练有时候基本上没有作用，"学生想怎样读就怎样读"是不少语文教师在课堂上的简单处理方式；有时候作用很小，学生只是在教师的要求下出声地朗读课文而已。真正有效的朗读训练，一要有教师的范读，二要有细腻的训练角度与步骤，三要有学生的整体参与。

课堂朗读训练，不仅仅只是出声地读文读诗。稍稍调整一下角度，创新一下手法，就能"以读带析"，让朗读训练发挥出更大的作用。比如：

四时田园杂兴

/ 范成大 /

昼出耘田夜绩麻，
村庄儿女各当家。
童孙未解供耕织，
也傍桑阴学种瓜。

此诗的朗读训练：一读，读准字音；二读，读清节奏；三读，读出情味，读好诗中一个字。

这"读好诗中一个字"的朗读要求，就是在引领学生进行品析与品味，当学生把"也傍桑阴学种瓜"这句诗中的"学"字读成重音并稍稍拖长的时候，"味道"就出来了：一个"学"字，表现了儿童的天真可爱，富有生活情趣。

"以读带析"，能够增加朗读教学的细节之美，能够提高朗读训练的教学效率。

示例一：在朗读训练中带动对诗文结构层次的分析。如《安塞腰鼓》的美段朗读：

一捶起来就发狠了，忘情了，没命了！百十个斜背响鼓的后生，如百十块被强震不断击起的石头，狂舞在你的面前。骤雨一样，是急促的鼓点；旋风一样，是飞扬的流苏；乱蛙一样，是蹦跳的脚步；火花一样，是闪射的瞳仁；斗虎一样，是强健的风姿。黄土高原上，爆出一场多么壮阔、多么豪放、多么火烈的舞蹈哇——安塞腰鼓！

一读，把握语速；二读，读出激情；三读，读出本段叙议结合的结构特点；四读，读好描叙部分的一个总说句（狂舞在你的面前）。

示例二：在朗读训练中带动对诗文情境、情致的品析。如《项羽之死》片段的朗读：

项王军壁垓下，兵少食尽，汉军及诸侯兵围之数重。夜闻汉军四面皆楚歌，项王乃大惊曰："汉皆已得楚乎？是何楚人之多也！"项王则夜起，饮帐中。有美人名虞，常幸从；骏马名骓，常骑之。于是项王乃悲歌慷慨，自为诗曰："力拔山兮气盖世，时不利兮骓不逝。骓不逝兮可奈何，虞兮虞兮奈若何！"歌数阕，美人和之。项王泣数行下，左右皆泣，莫能仰视。

一读，读清楚文中的两个层次（第一层，四面楚歌；第二层，夜起悲歌）；二读，读出第一层内容的深沉；三读，读出第二层内容的悲壮。

示例三：在朗读训练中带动对诗文细节的赏析。如《陈太丘与友期》的朗读：

陈太丘与友期行，期日中，过中不至，太丘舍去，去后乃至。元方时年七岁，门外戏。客问元方："尊君在不？"答曰："待君久不至，已去。"友人便怒："非人哉！与人期行，相委而去。"元方曰："君与家君期日中。日中不至，则是无信；对子骂父，则是无礼。"友人惭，下车引之，元方入门不顾。

一读，用略略停顿的方法，读清文中的两个故事；二读，读好客人的不同语气；三读，读出元方的个性特点；四读，在语速的起伏变化中，表现故事的波澜。

以朗读带动品析——朗读与品析都是着眼于学生活动的，都是为学生课堂学习中"真有收获"而精心设计的，这也从侧面说明了语文教师提高教学技艺的重要性。

45. 让学生的活动一举多得

课堂实践活动,是教师教学设计能力的试金石,是学生学有所获的聚宝盆。课堂教学中,虽然让学生"找一找"的活动必不可少,但毕竟线条单一,力量单薄,缺乏训练的力度。

学生课堂实践活动的设计,需要追求一举多得的效果——一次活动,能够让学生有多方面的训练收获。

如教学《蚊子和狮子》时的再拟标题活动。在文意理解的教学环节,请学生根据课文内容揣摩作者的表达意图,给这则寓言再拟一个标题。

学生拟出的标题有:"一声叹息,多少意味""胜利后的悲剧""优势与劣势""危机四伏的'网'""忧患意识常常有""过去的成功只属于过去"……

这里的活动,没有直接要求概括故事内容,也没有要求复述故事的大意,而是用再拟标题的方法组织训练活动,既让学生通篇感受文意,又让他们深思、斟酌、动笔,用精练的语言进行表达与表述。这样一举多得,既是文意把握的活动,又是语言运用的活动,还是生动概括的活动。在这样的活动中,学生人人动笔,是受益面很大的集体训练活动。

如教学《愚公移山》时的用词说话活动。在课文译说活动中,教师请学生扣住"平险"一词说故事。

这是一个有趣的主问题。"平险"一词,能够串起文中所有的人物和故事情节,能够让学生叙说故事,也能够让学生展开自己的评说。

这里的活动,没有常规的语句翻译,没有教师带领下的对翻译文字的朗读,而是教师巧妙利用一个极有牵引力的关键词让学生说故事。其一举多得表现在,既理解了故事的基本内容,又让学生有了重组课文内容并进行创造性表述的实践机会。既是理解的,又是创造的;既是文本内容的,又是语言运用的。

如教学《马说》时的趣味辨析活动。在字词教学时，请学生为字词"找朋友"，进行"一词多义"的辨析活动。学生指出，下面的字词，其用法各有不同：

  有：世有伯乐　然后有千里马
  食：一食或尽粟一石　食马者
  能：虽有千里之能　鸣之而不能通其意
  尽：一食或尽粟一石　食之不能尽其材
  常：千里马常有　常马
  者：马之千里者　食马者
  之：马之千里者　槽枥之间
  之：食之不能尽其材　鸣之而不能通其意
  而：而伯乐不常有　执策而临之
  以：不以千里称也　策之不以其道

这样的活动设计，表现出教师整合教学内容的意识，改变着文言字词教学中对一字一词进行认读的习惯，而且将教师询问、学生回答的单调做法变化为学生的研读辨析活动，既是认字识词的活动，也进行了思维训练与学法实践，表现出一举多得的教学效果。

如教学《纪念白求恩》时的美段赏析活动。《纪念白求恩》最好的学习抓手之一，是课文的第二段，即以"白求恩同志毫不利己专门利人的精神，表现在他对工作的极端的负责任"句领起的这个段。

教师设计的品析话题是：品析欣赏这一段的表达之美。于是学生在活动中可以品味到这个段落的观点之美、情感之美、层次之美、对比之美、叙议之美、句式之美、称呼之美等众多的美点。

这里的活动，将一般的读文感受提升到审美品析的高度，将浮于文面的简单理解深化到品味语言表现力的层面，让学生有深入品读的历练和美好知识的收获。

46.把力量用于语言学用的教学

新课标的重要变化,是将语文课程的重要性提高到前所未有的高度:

语文课程致力于培养学生的语言文字运用能力,提升学生的综合素养,为学好其他课程打下基础;为学生形成正确的世界观、人生观、价值观,形成良好个性和健全人格打下基础;为学生的全面发展和终身发展打下基础。

新课标本质上的变化,是给语文课程下了一个前所未有的定义:

语文课程是一门学习语言文字运用的综合性、实践性课程。义务教育阶段的语文课程,应使学生初步学会运用祖国语言文字进行交流沟通,吸收古今中外优秀文化,提高思想文化修养,促进自身精神成长。工具性与人文性的统一,是语文课程的基本特点。

这些阐释语文课程特点的文字,准确而简洁地表述了语文课程的性质、任务,具有极其重要的意义。这种定位将影响语文教学格局的重大变化:从讲解、品析为主转向语言学用为主。尽管目前我们几乎看不到这种变化,但这种变化迟早一天会到来。从现在起,我们要将力量与智慧向语言文字学习运用的教学倾斜。

在课堂实践活动中,让学生努力学习运用祖国的语言文字,永远是价值所在,永远天经地义。语文教学应该在大量的实践活动中训练并提高学生学习运用祖国语言文字的能力。

语言学用的教学,最为普遍适用的是读写结合的教学方式。但我们也可以尝试、创造全新的语言学用课型。如短文《两小儿辩日》的语言学用课型教学创意。

两小儿辩日

《列子》

孔子东游，见两小儿辩斗，问其故。

一儿曰："我以日始出时去人近，而日中时远也。"

一儿以日初出远，而日中时近也。

一儿曰："日初出大如车盖，及日中则如盘盂，此不为远者小而近者大乎？"

一儿曰："日初出沧沧凉凉，及其日中如探汤，此不为近者热而远者凉乎？"

孔子不能决也。

两小儿笑曰："孰为汝多知乎？"

教学创意：语言学用课、集体训练课。

教学时间：45分钟。

出示课文背景材料。

学习环节一：字词认读，课文读背。

指导学生集体朗读，反复朗读。重点指导读清课文层次，读出故事情景，进行课文读背。同时对"故""以""去""盘盂""沧沧凉凉""汤""孰""为""汝""知"进行认读与理解。

这是基础知识方面的语言学用。

学习环节二：讲述故事，描述情景。

指导学生集体讲述故事。活动方式：每位同学都自己对自己讲故事，心中又要想着这是在对大家讲故事。每位同学讲三遍，第一遍大声地讲，第二遍生动地讲，第三遍创造性地讲。教师顺势解决难句（第五句、第七句）的理解问题。

这是在进行复述、描述方面的语言学用。

学习环节三：课文品析，美点寻踪。

教师指导学生品析课文的表达之美。教师示例，告诉学生写法，每位学生写100字以内的评析文字，全班交流，教师着眼于简洁生动之美、结构严谨之美、句式变化之美、对话形式之美、前后照应之美、文章寓意之美进行小结。

这是评说、阐释、赏析方面的语言学用。

此课的教学，还可顺势引出孔子语录，顺势进行背读，增加语言积累，提升学习的厚度。如果将学习环节二改为"课文译写"，同样也是很好的语言表达训练。

47. 语言学用的资源无处不在

新课标中有一段话，它的每一句都有重要的意义：

> 语文课程是学生学习运用祖国语言文字的课程，学习资源和实践机会无处不在，无时不有。因而，应该让学生多读多写，日积月累，在大量的语文实践中体会、把握运用语文的规律。

在语文教学中让学生多读多写、日积月累，是语言学用的重中之重，也是关键之中的关键，由此才能显现语文教学最明确最本质的特点。

语言学用的资源无处不在。

它们在各篇课文的字里行间：

> 清丽　清新　清淡　清爽　清晰　清香　清冷　清秀　清凉　清澈　清幽……

它们在文言诗文的画面之中：

> 浩浩汤汤　横无际涯　浊浪排空　波澜不惊　一碧万顷
> 锦鳞游泳　浮光跃金　静影沉璧　素湍绿潭　回清倒影
> 悬泉瀑布　飞漱其间　水皆缥碧　千丈见底　急湍甚箭
> 猛浪若奔　冰皮始解　波色乍明　鳞浪层层　清澈见底
> 清流激湍　映带左右　长桥卧波　水波不兴　白露横江
> 水光接天……

它们在经典作品的句式里：

> 我今天怀有一个梦。

我梦想有一天，深谷弥合，高山夷平，歧路化坦途，曲径成通衢……

它们是美诗中的即景抒怀：

　　那河畔的金柳，是夕阳中的新娘；波光里的艳影，在我的心头荡漾。

　　软泥上的青荇，油油的在水底招摇；在康河的柔波里，我甘心做一条水草！

它们是美文里的绘景写物：

　　月光如流水一般，静静地泻在这一片叶子和花上。薄薄的青雾浮起在荷塘里。叶子和花仿佛在牛乳中洗过一样；又像笼着轻纱的梦。

　　北国的槐树，也是一种能使人联想起秋来的点缀。像花而又不是花的那一种落蕊，早晨起来，会铺得满地。脚踏上去，声音也没有，气味也没有，只能感出一点点极微细极柔软的触觉。

　　…………

　　语文教师要勤于积累、善于撷取、巧于整合、精于利用如此美好的语言资源，顺势渗透到学生的语言积累仓库之中。

　　将语言学用的资源用于教学，用于训练，需要精选、分类、整合，使之用起来更有力量，更有分量。

　　指导学生进行语言学用，一种高效的方法就是提炼范式、指点规律。

　　下面两个语段，共同表现出一种表达的规律：层次美，句式美，引用美。我们姑且称之为"三美结构"：

　　我犹如仙子，漫游在这个充满快乐、智慧、神秘的语文世界中。在这里，我从"飞流直下三千尺，疑是银河落九天"中认识了豪迈奔放的李白；我从"安得广厦千万间，大庇天下寒士俱欢颜"中认识了忧国忧民的杜甫；我从"只恐双溪舴艋舟，载不动许多愁"中认识了多愁善感的李清照……（摘自《语文报》2013年第17期 席心雨《漫

游语文世界》）

　　唐宋文学又是一顶灿灿王冠，缀满了浓缩中国文学智慧的奇珍异宝。这里，你能找到"大江东去"的豪放，也能找到"人比黄花瘦"的婉约；能听到"磨损胸中万古刀"的愤懑呐喊，也能听到"杨柳岸，晓风残月"的浅吟低唱。有怒发冲冠的报国志，也有床前明月的故乡情；有独上西楼的长相思，也有草长莺飞的梦江南；有春光乍泄的蝶恋花，也有斗霜傲雪的一剪梅……捧出这部宝典，我们能感觉到它的分量：它是中国文学史上的珠穆朗玛。（摘自《中国千古名篇音乐朗诵会解说词》）

　　在教师的教学话语中，有时"一句能抵许多句"，这样的表达规律一经点破，就能迅速成为学生学用的"抓手"。

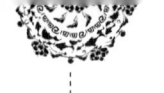

48.语言学用的实践机会重在课堂

新课标说,语言文字的学习资源和实践机会无处不在,无时不有。教师对语言文字的学习要高度重视。

从教学的角度而言,语言学用的实践机会重在课堂。教师抓住了课堂教学中的语言实践训练,就抓住了指导学生进行语言学用的最好机会。

如《散步》的教学,可以从多个角度组织学生进行语言学用的实践。

(1) 请学生续写教学导语

教师投影:让我们一起走进美文《散步》,这里,有——

学生续写:

让我们一起走进美文《散步》,这里,有南方初春的田野,有铺展着生命的新绿,有阳光下的金色菜花,有水波粼粼的鱼塘……更有相亲相爱一家人的情感涟漪……

让我们一起走进美文《散步》,这里,有春意、亲情、孝敬、关爱、呵护、温馨瞬间,还有中年人的责任感……

(2) 请学生再拟课文标题

教师建议:大家可以这样理解文意,试着给文章再拟一个标题,并说明你的标题能够表示你读出了课文的味道。

学生思考,拟课文标题:

幸福的家庭、亲情无边、分歧、大路小路、背起整个世界、春意、呵护、生命生命、责任、一路同行、温馨瞬间……

教师点评:我们拟的标题,与"散步"一起,共同表现着《散步》的美好意蕴。

(3) 请学生诗意概说文意

  三代人之间深沉的爱。
  一曲尊老爱幼的颂歌。
  幸福的家庭是美好生命的摇篮。
  成熟的生命爱护幼小的生命，善待衰老的生命。
  互相爱护、尊重、体贴和理解的一家人。
  中年人的责任感。
  亲情、真情、责任感、使命感。
  写了一件事，表达一个"理"。
  …………

(4) 请学生赏析对称句式

  我的母亲要走大路，大路平顺；我的儿子要走小路，小路有意思。
  我的母亲老了，她早已习惯听从她强壮的儿子；我的儿子还小，他还习惯听从他高大的父亲。
  我的母亲虽然高大，然而很瘦，自然不算重；我的儿子虽然很胖，毕竟幼小，自然也轻。

教师在学生品析之后进行小结：

  分号将句子分为明显的前后对称的两个部分，显得精练精致，形式美观，是句式中的精品。
  这种句式讲究对称，前后两个分句的音节和字数基本相等，不仅有一种格式之美，读起来也传达出一种音乐之美。
  它们除了用于记叙之外，还可以用于议论，用于写出精辟的警句、格言。

(5) 请学生学用精美段式

  这南方初春的田野，大块小块的新绿随意地铺着，有的浓，有的淡；树上的嫩芽也密了；田里的冬水也咕咕地起着水泡。这一切都使人想着一样东西——生命。

学生朗读、背诵。

教师进行口头描述训练，请学生尝试学用此段的段式。

（6）请学生揣摩文中意味

教师引导：朗读吟诵下面的文段，写一个句子阐释它的意味——

这样，我们在阳光下，向着那菜花、桑树和鱼塘走去。到了一处，我蹲下来，背起了母亲，妻子也蹲下来，背起了儿子。我的母亲虽然高大，然而很瘦，自然不算重；儿子虽然很胖，毕竟幼小，自然也轻。但我和妻子都是慢慢地，稳稳地，走得很仔细，好像我背上的同她背上的加起来，就是整个世界。

学生写句、阐释：

意味在于尊老爱幼。

意味在于担负责任。

意味在于走向美好。

意味在于生命的传承。

意味在于作为中年人，父母和孩子就是自己的整个世界。

……

语言学用的实践机会重在课堂，有了课堂上的扎实训练，就有了学生的高效积累。

49. 课文集美

课文集美，是教师利用课文本身的资源设计的由学生全体参与的阅读品析活动、语言积累活动、课文读写活动。教师以语言学习为重头戏，指导学生将课文中精华的语言材料集聚起来，积累、学用语言并实践一定的学习方法。

如《紫藤萝瀑布》教学中一个环节的活动设计——用聚集美句的方式，将全文内容浓缩为一篇"写景＋抒情"的短文并当堂朗读背诵：

《紫藤萝瀑布》课文集美

从未见过开得这样盛的藤萝，只见一片辉煌的淡紫色，像一条瀑布，从空中垂下，仿佛在流动，在欢笑，在不停地生长。紫色的大条幅上，泛着点点银光，就像迸溅的水花。

每一穗花都是上面的盛开、下面的待放。每一朵盛开的花像是一个张满了的小小的帆，帆下带着尖底的舱。船舱鼓鼓的，又像一个忍俊不禁的笑容，就要绽开似的。我抚摸了一下那小小的紫色的花舱，那里满装生命的酒酿，它张满了帆，在这闪光的花的河流上航行。

这里除了光彩，还有淡淡的芳香，香气似乎也是浅紫色的，梦幻一般轻轻地笼罩着我。我伫立凝望，觉得这一条紫藤萝瀑布不只在我眼前，也在我心上缓缓流过：生命的长河，是无止的……

学生在这样的实践活动中，主要有三个方面的收获：一是对课文进行了比较细致的研读；二是实践了"提取、整合"的学法与思维方式；三是积累、背读了体现课文精华的"微型美文"。教师强调这样的活动必须朗读，必须人人动手动脑，因此所有学生都能受益，表现出高效教学的特点。

教师运用课文集美的教学手法，可以设计不同类型的精美的课堂活动。

（1）在提炼、整合课文要点的活动中训练学生的速读能力，如教学《苏州园林》时的提取中心句的活动。

（2）改写、缩写课文，形成课中写作活动，实现"长文短教"或"美文细读"的教学创意，如教学《荷叶　母亲》时的课文缩写活动。

（3）以语言学习为目的，指导学生提取、积累课文的精华，如教学《散步》时的美句学用活动。

（4）集聚文中的美段美句，以形成精致优美的可供读背的语言材料，如教学《艰难的国运与雄健的国民》时的美段撷取活动。

（5）以"集美"为活动方式，让学生在活动中得到审美感受、学法实践以及思维训练，如教学《祝福》时的"欣赏祥林嫂的眼神描写"活动。

下面再看教学《苏州园林》时的课文集美活动，这个活动设计的目的是让学生通过提取课文重要信息来对课文进行文意把握，并习得一种学习的方法。

教师进行活动安排：在这次活动中，我们要提炼全文内容，用100字左右的篇幅，说清楚苏州园林的基本特点。学生要实践一种"提炼式表述"的方法，注意提取课文各段中的关键句，将它们组合起来，进行综合而简明的表述。

学生在课文中选句，并提炼课文内容，形成涵盖全文信息的文字：

苏州园林的共同点是使游览者眼前总是呈现一幅完美的图画：其建筑讲求自然之趣而绝不讲究对称，假山、池沼的安排配合都表现出入画的效果，栽种和修剪树木着眼在画意，花墙和廊子增加了景致的层次美，且每一个角落都注意图画美，门和窗有着高度的图案美，色彩也表现出淡雅的美。

课文集美活动是课堂教学中高雅的教学活动，它对学生进行着审美教育、语言教育、学习技能教育，以及思维训练。

50. 课中比读

比较阅读，是学生必须有所体验的一种阅读方法。它是细读训练、思维训练，也是学习方法的训练，甚至是一种提炼技法的训练。

有的课文，"生来"就是可以用课中比读的方法来设计教学的。如《在烈日和暴雨下》《海燕》《岳阳楼记》《窗》《福楼拜家的星期天》《范进中举》《茅屋为秋风所破歌》《我的叔叔于勒》等；大量的《古诗三首》《短文两篇》《寓言两则》等，也基本上含有比较阅读的因素。

所谓课中比读，就是在同一篇课文或同一个短文两篇式组合的教学之中，巧设比较阅读活动，如鲁迅的《雪》的教学，可将"朔方的雪"的描写与"南方的雪"的描写进行比较阅读。从思维的深度来讲，课中比读活动的最大优点，就是教学线条单纯明朗且能够带动学生反复研读，增加对课文理解的深度与广度。

中学语文教材里面，有一种奇妙的语文教学现象，即鲁迅先生的很多作品，是可以用课中比读的方法来进行品读欣赏的，如《从百草园到三味书屋》《阿长和山海经》《雪》《故乡》《孔乙己》等，《祝福》同样能够用这种方法。

"课中设比"的角度很多。如《马说》中的词义比读（学习语言），《故乡》中的人物描写方法比读（体味技法），《孔乙己》中的字词比读（推敲语言），《窗》中的人物形象比读（分析人物），《在烈日和暴雨下》的景物描写比读（揣摩作用），《岳阳楼记》中的景物描写比读（感受意境），《雪》中两个部分的比读（体味表达目的）等。

课中比读活动的安排，一般放在对课文进行整体的文意理解之后。课中比读活动的进行，需要教师设计有引导力度的话题。

如《孔乙己》的课中比读活动设计。

教学铺垫：作家介绍，作品介绍。

文意理解活动：以"一句话人物概说"为话题，用"写"的方式，说说孔乙己是一个什么样的人物形象。

师生对话，教师进行活动小结：孔乙己，小说《孔乙己》中的悲剧主人公，他的可悲之处在于其身份的边缘性，他是一个孤独无助的形象，生命的意义仅止于笑料。鲁迅先生用孔乙己的故事完成了对封建社会中国知识分子生存状况、命运际遇的深刻表现。

课中比读活动：请学生在第四段与第十一段中寻找对比点，感受这两个段落在这篇小说中的重要作用，感受鲜明对比中表现出来的孔乙己命运的变化。

教师举例：第四段中写了孔乙己的脸色，他身材很高大，青白脸色，皱纹间时常夹些伤痕。这里表现的是孔乙己的生活状况。在"又脏又破"的长衫映衬下，形象地揭示了孔乙己的社会地位。第十一段也写了孔乙己的脸色，他脸上黑而且瘦，已经不成样子。这里表现的是孔乙己受到摧残、凌辱之后的苟延残喘。不同脸色的描写，表现了孔乙己命运的变化。

学生圈点勾画，课中比读；教师组织课堂交流活动。

这两段中对比描写的内容主要有：人物的出场与退场、正常与残疾、伤痕与断腿、长衫与夹袄、文言与白话、青白与黑色、真话与撒谎、眼睛与眼神，还有时令氛围、形貌姿态、语气动作、酒量钱数、手的用途等多方面的对比。这些对比，把精神和肉体受到巨大摧残的孔乙己的形象鲜明地呈现在读者面前，激起人们深深的思索。

51. 课文联读

课文联读，是课堂教学中教材处理的一种特别方法，也是学生课堂实践活动的一种设计角度。它指的是：除了本篇课文的教学之外，还联读其他同类的诗文或者文段，以此来增加课堂教学的容量与厚度。

在笔者对普希金的《假如生活欺骗了你》的教学探索中，就曾经分别联读过中国诗人汪国真的《如果》、德国诗人海涅的《我的心，你不要忧郁》、中国诗人邵燕祥的《假如生活重新开头》、美国诗人蒂斯黛尔的《像麦禾那样摇曳》、中国诗人食指的《相信未来》等诗歌，最美妙的是"联读"中国诗人宫玺的《假如你欺骗了生活》。

假如你欺骗了生活

/宫玺/

假如你欺骗了生活
以为神鬼不知，心安理得
且慢，生活并没有到此为止
有一天，它会教你向它认错
大地的心是诚实的
孩子的眼睛是诚实的
人生只有一步一个脚印
才会有无悔的付出无愧的收获

（摘自《中学生阅读》高中版2002年第1期）

一首《假如生活欺骗了你》，一首《假如你欺骗了生活》，恰如双峰对峙，相映成趣；既朗朗上口，又各显哲理；既是朗读训练的好抓手，又是品析品味的好材料。它们都深受学生喜爱。

课文联读式的教学设计，能够增加课堂阅读教学的美感，其原因有如下4个。

（1）由于联读，教师要精心寻觅、辨别并安排一部分全新的教学内容，于是就让课堂教学的内容愈加丰厚。

（2）相对于单篇课文的教学来讲，这样的教学给课文增加了一两个"伙伴"，这就相当于一篇文章的结构或内容发生了新的变化，在形式上显得别开生面。

（3）联读就是给课文找到了"朋友"，教学内容的增加将使课堂活动发生新的变化，能够在品读与欣赏中带来新的情味与趣味。

（4）课文联读表现出一种全新的教学手法，表现出对课堂教学结构的优化，学生沉浸其中，能够面对新的材料，迎接新的挑战。

课文联读式的教学设计，常常用于精短的课文。常用的设计方式主要有两种。

第一种设计方式：一篇"联"一篇。或比较阅读，或精读与略读，或教读加自读。

第二种设计方式：一篇"联"多篇。主要将联读的选文作为教学导入与收束的材料。

联读材料的选择主要有两种角度：同一题材的作品联读，同一作家的作品联读。

如余光中的《乡愁》的教学，从"同一作家"的角度，联读其诗作《乡愁四韵》，用先教读《乡愁》然后自读《乡愁四韵》的方法进行教学。

又如余光中的《乡愁》的教学，从"同一题材"的角度，联读于右任的《望大陆》，用精读《乡愁》略读《望大陆》的方法进行教学。

望大陆

／于右任／

葬我于高山之上兮，

望我大陆。

大陆不可见兮，

只有痛哭。

葬我于高山之上兮，

望我故乡。

故乡不可见兮，

永不能忘。

天苍苍，

野茫茫，

山之上，

有国殇。

如岑参的《白雪歌送武判官归京》的教学，以一篇"联"多篇。首先联读王维的诗。引用这首诗，作为课的导入，引出"边塞诗"的背景材料。

使至塞上

/ 王维 /

单车欲问边，属国过居延。
征蓬出汉塞，归雁入胡天。
大漠孤烟直，长河落日圆。
萧关逢候骑，都护在燕然。

接着进行《白雪歌送武判官归京》的朗读与品析教学。最后联读李白的诗。

黄鹤楼送孟浩然之广陵

/ 李白 /

故人西辞黄鹤楼，

烟花三月下扬州。

孤帆远影碧空尽,

唯见长江天际流。

引用李白的这首诗,作为课的收束,让学生进一步体味"送别诗"的意境与韵味。

52.美点品析

阅读教学中的审美教育,最有效最常用的方法就是美点品析。

这是一种有牵引力的学生课堂实践活动,也称之为"美点寻踪""妙点揣摩""妙要列举""美感阐释"等。这种课堂活动的特点就是审美,就是品味、赏析文章表达的美妙之处。

如对张志和的《渔歌子》的美点品析:

渔歌子

/ 张志和 /

西塞山前白鹭飞,
桃花流水鳜鱼肥。
青箬笠,绿蓑衣,
斜风细雨不须归。

这首词的美点主要有:画面之美,白描之美,层次之美,色彩之美,动静之美,映衬之美,虚实之美;着色明丽,用语活泼,充满诗情画意,生动地表现了渔父悠闲自在的生活情趣;整首词"不着一字,尽显风流",没有一个"春"字却表现出美好的春意。

阅读教学中的美点品析活动,于学生而言,其作用主要有:增加训练力度,深化思考层次,进行审美教育,训练审美技能,提高欣赏、阐释美感的能力。

美点品析是一种作品欣赏式的、细读品味式的教学。一般而言,它是阅读教学中的一个重要的活动环节,是训练学生品析能力的实践活动。其品析的目标可以是精短的诗文、长篇美文的精彩部分、课文中专项的内容如人物形象的审美，也可以是课文中细节性的内容。其活动的设计主要是教师安排品析的话题，学生独立地思考与品析。其品读欣赏的着眼点丰富，诸如诗文章法、人物塑造、情感抒发、情节结构、炼字炼句、描写方法、修辞手法、表达技巧、音韵节律之美，以及表达作用之丰富和表达效果之美好，等等。

如《孔乙己》第十一段的美点品析教学。

这一段写的是孔乙己最后一次出现在咸亨酒店，用完了他最后的一文钱，喝完了他生命中最后的一碗酒，经受了人们最后一次嘲笑，最后一次远离了人们的视线。

学生活动的话题：结合全文内容对这一段进行美点品析和妙点揣摩。

师生品析的美点主要有4个方面。

（1）美在环境的描写

中秋过后，秋风是一天凉比一天，看看将近初冬；我整天的靠着火，也须穿上棉袄了。

寥寥几笔描述了深秋的时令和寒冷的天气，渲染了、象征着孔乙己被打折了腿之后出场时的悲剧氛围。

（2）美在先闻其声的描写

忽然间听得一个声音，"温一碗酒。"这声音虽然极低，却很耳熟。看时又全没有人。站起来向外一望，那孔乙己便在柜台下对了门槛坐着。

先写声音，突现了孔乙己生命中的最后一次"温一碗酒"，表明孔乙己真的是被打折了腿，是为了用那"极低"的声音来表现孔乙己所受到的摧残。

（3）美在传神的外貌形态的描写

他脸上黑而且瘦，已经不成样子；穿一件破夹袄，盘着两腿，下面垫一个蒲包，用草绳在肩上挂住；见了我，又说道，"温一碗酒。"

这里先写人物可怕的脸，再写人物可怜的身形，最后写人物的企盼。这是典型的"以形写神"的笔法，简单的几笔勾勒，就深刻地表现了孔乙己的悲惨遭遇。

　　（4）美在描写了孔乙己的"走路"

　　　　他满手是泥，原来他便用这手走来的。不一会，他喝完酒，便又在旁人的说笑声中，坐着用这手慢慢走去了。

　　这是一个深沉的慢镜头，一个精心构思的有着丰富深意的特写镜头，一个在画外音的衬托下人物渐渐远去的长镜头，它是孔乙己命运的深沉写照。

　　这一段还美在作者一如既往地写了人们的嘲笑，美在破夹袄上的"破衣口袋"、"颓唐"的样子、恳求的"眼神"、摸出的"四文大钱"，都在烘托着悲苦的气氛，预示着人物的不幸结局。

53.把短课文用好

篇幅短小的课文，从教材运用的角度看，拥有很多教学优势，我们在阅读教学中，要把它们真正用好。

短文的教学优势主要表现在如下的"便于"上：

便于在一个课时之内完成教学，从而节省宝贵的教学时间；

便于设计结构紧凑、思路清晰、活动精巧的课堂教学流程；

便于最大限度地利用文中的语言学用资源，增加语言积累的量；

便于利用文中的技能训练因素，对学生进行目标集中的能力训练；

便于立体式地安排读写听说等各类活动，丰富学生的实践经历；

便于教师智慧地运用教学手法，美化、优化、细化教学的过程；

便于运用联读、比读、补读等教学策略来扩充教学的容量；

便于教学之中顺势对学生渗透语法、修辞、写作、文学知识的教育；

……

把短文用好，其教材处理的真谛在于：第一，不把课文内容的"解读"作为教学的唯一目的；第二，要精致地提炼课文中的教育教学资源；第三，需要细心周全地为学生设计可行的课堂实践活动；第四，追求课堂上让所有学生都真有收获、大有收获的教学境界。

下面以短文《孙权劝学》的教学为例进行阐释：

孙权劝学

初，权谓吕蒙曰："卿今当涂掌事，不可不学！"蒙辞以军中多务。权曰："孤岂欲卿治经为博士邪！但当涉猎，见往事耳。卿言多务，孰若孤？孤常读书，自以为大有所益。"蒙乃始就学。及鲁肃过寻阳，与蒙论议，大惊曰："卿今者才略，非复吴下阿蒙！"蒙曰："士别三日，即更刮目相待，大兄何见事之晚乎！"肃遂拜蒙母，结友而别。

此文可用的教学资源主要表现在如下方面：(1)朗读训练，背诵积累；(2)字词认读识记，字词分类整理，词义比读，成语教学；(3)翻译训练，复述训练；(4)改写训练或扩写训练；(5)划分层次，阐释结构特点；(6)品味章法的美妙；(7)品析文中的表现手法；(8)赏析人物的语言表达技巧，评析故事中的人物形象；(9)揣摩、提炼文中所蕴含的事理。

据此来设计一个全新的教学创意，这个教学创意可关注4个内容：(1)用一个课时完成此篇课文的教学；(2)安排扎实的学生实践活动；(3)着眼于全班每一位学生的课堂收获，不在小组合作上消耗时间；(4)无提问，无追问。

教学创意具体如下。

教学铺垫活动：《资治通鉴》简介，司马光简介，课文中的人物孙权、吕蒙、鲁肃简介。

字词认读活动，重点理解10个字词：

当涂：当道，当权。

治：研究。

涉猎：粗略地阅读，浏览。

孰若：怎么比得上。

以为：认为。

大有所益：非常有益处。

就：从事，开始进入。

非复：不再是。

更：重新。

刮目相待：另眼相看，用新的眼光看。

然后要求学生利用课文注释与上述字词学习的内容自读自讲故事，教师出示翻译文字，学生朗读。

　　朗读背诵活动，分4个层次进行：（1）各自朗读课文；（2）用叙事的语气朗读课文；（3）读清楚课文的两个层次；（4）读好故事中孙权和吕蒙的语气。教师进行范读，学生全员参与，人人学朗读，然后集体背诵。

　　妙点揣摩活动，话题：自由品析这篇课文的美妙之处。首先学生动笔，写出自己的赏析文字。然后课中交流，师生对话。最后教师小结，讲析这篇课文的最美之处：正面描写，侧面烘托；语中见人，事中有理。学生做好课堂笔记。

　　由这个课例，我们可以感受到用好短篇课文的要领：反复地整体地利用课文，设计角度富有变化的课中活动，每次活动都要让学生有收获。

54. 创造新颖实用的语言学用课型

"课型"二字的含义之一，是指课的类型，它往往因"课"的学习内容或学习方式而有角度不同的命名。如"教读课""自读课""阅读课""写作课"等。

结合新课标对课文课程的定义来看，我们目前在课型设计中最缺乏的品种就是"语言学用课"。

所谓"语言学用课"，就是将课堂教学中的主要内容或全部内容设定在语言的学习与运用上。

这种课型的设计，就现代文的教学而言，在一般情况下有两种途径。

一是在自读课文的教学中淡化"析"的学习活动，少分析，少品析，少赏析，将课文的教学资源用于学生的语言学用训练。

二是在教读课文的教学中转变传统的教学思维，将第一个课时用于文意把握等基本内容的阅读训练，将第二个课时用于语言学用训练。

设计语言学用课型的好处在于，拓宽教学设计的视野，创新教学设计的内容，改变课文阅读教学永远在"分析"之中的教学状态，增加语言教学的分量，让学生在课堂上有更好的语言学习收获。

现在我们来看《植树的牧羊人》的教学创意。

第一个课时安排4次活动。

（1）默读课文，感知内容，字词认读与积累。

（2）默读课文，勾画出标志故事情节发展的语句，填写课文练习一中的表格，完成内容梳理的任务。

（3）落实课文练习二中的训练内容：以"他是一个_____的人"的形式说一说对牧羊人的认识，注意使用课文中正面或侧面描写牧羊人的语句。

（4）自由发言，说说自己对课文主题的认识。

这节课，完成了对这篇3000多字课文基本内容的多角度理解训练。

第二个课时安排两次活动——两次语言学习与运用的活动。

（1）趣味写作活动。请学生利用课文中优美的比喻句，写一篇标题为"植树的牧羊人"的短文：

像马蜂窝一样，一间挨着一间的房子周围，总会有一口水井，或是一眼泉水吧！

狂风呼啸着，穿过破房子的缝隙，像一只饥饿的野兽发出吼叫。

他显得自信、平和。在我眼里，他就像这块不毛之地上涌出的神秘泉水。

房顶很结实，一滴雨水也不漏，风吹在瓦上，发出海浪拍打沙滩的声音。

向远处望去，看到了一片灰灰的薄雾，像地毯一样，铺在高原上。

白桦树棵棵鲜嫩、挺拔，像笔直站立的少年一样。

高处传来水流般的声音，那是风穿过树林的响声。

每位同学写作时间为15分钟左右，每位同学深情地朗读自己的"作品"5分钟左右。教师请一两位同学朗读展示，进行点评与小结。

（2）段式仿写活动。观察下面段落的结构与手法特点，利用课文内容，再写一个类似的段落：

1910年种的橡树，已经长得比我都高，真让人不敢相信。我吃惊得说不出话来，他还是那么沉默寡言。我们就这样静静地，在他种的树林里，转悠了一整天。这片树林分为三块，最大的一块，有11公里宽。当我想到，眼前的一切，不是靠什么先进的技术，而是靠一个人的双手和毅力造就的，我才明白，人类除了毁灭，还可以像上天一样创造。

此段思路清晰，结构明朗，先叙后议，语言平实。学生在仿写中不会遇到大的困难。

　　这一节课中两次写的活动，第一次相当于理解文意，第二次相当于点示主题，显得饶有韵味。

55. 做好课始的教学铺垫

比较粗糙的课往往不大注意课始的铺垫，教师不介绍有关作家作品知识，不关注怎样引导学生进入课文学习的情境之中，往往在没有任何教学铺垫的前提下，或与学生说闲话，或直接进入课文教学。这样的做法，起码显得缺少美感。

课始的教学铺垫，有着多方面的作用。

课始铺垫的第一个作用是为了介绍作者。特别是那些经典的、远离学生背景知识储备的作品，教师必须有效地介绍作者及其重要经历，进行教学铺垫，追求"知人论世"的教学效果。如陈子昂的《登幽州台歌》的教学：

材料一：陈子昂（661—702），字伯玉，梓州射洪（现在四川）人，唐代诗人。

材料二：陈子昂24岁考取进士，是一个想积极参与政治并力图施展抱负的人，以上书论政得到武则天重视。他直言敢谏，曾一度因"逆党"株连而下狱。

材料三：万岁通天元年（公元696年），契丹叛军攻陷营州。武则天派武攸宜率军征讨，陈子昂随军出征。次年兵败，陈子昂向武则天进言，武不听，反把他降为军曹。

材料四：征战期间，诗人登上蓟北楼，想到古代燕昭王高筑黄金台吸纳贤才的往事，比照自己，慷慨悲吟，写下了《登幽州台歌》等诗篇。

如果没有这样的铺垫，教师简直无法开始这首诗的教学。

课始铺垫的第二个作用是为了点示背景。教师点示作品创作的时代背景或政治、学术、生活背景，使学生能够结合背景理解文中的人物、情节、细节，在具体的语言环境中切实地理解作品的思想情感内涵。如《水调歌头·明月几时有》的教学：

  材料一：苏轼（1037—1101），字子瞻，号东坡居士，眉州眉山（今属四川省眉山市）人，北宋杰出的文学家、书画家，与父苏洵、弟苏辙并称"三苏"。"唐宋八大家"之一。

  材料二：此词作于宋神宗熙宁九年（1076）即丙辰年的中秋。苏轼时任密州（现山东诸城）太守。弟弟苏辙当时于齐州（今山东济南）在任，兄弟之间已有六七年未见。中秋之夜，作者望月思亲，醉中抒情，赋词放歌，遂有此作。

有了这样的铺垫，学生知晓了此词的写作缘由，便能够更加贴切深入地理解课文的情、境、意。

课始铺垫的第三个作用是为了丰厚内容。教师进行文体知识、作品风格、难点点示、历代评价、作者其他作品等内容的介绍，以使课文教学的内容更加丰富。如李商隐的《锦瑟》的教学铺垫：

  材料一：李商隐的律诗意象华美，喜欢用典，属对精工，意味深长。其"无题"一类的抒情诗篇，在艺术上具有更鲜明的特色。

  材料二：李商隐《乐游原》《嫦娥》《夜雨寄北》《无题》等。
（学生一一朗读）

  材料三：《锦瑟》是李商隐诗歌中最为难解的一篇，其主旨历来众说纷纭，有悼亡说、恋情说、自伤身世说，等等。这首诗内容隐晦，意境凄迷，语言华美，给人以丰富的想象空间，可以说每一联都代表了一种情境，一种心绪。

这些材料，知识内容丰富，起着层层铺垫、逐步推进的作用，将学生缓缓带入课文学习之中，同时也便于教师顺势设置品读欣赏的话题。课始的教学铺垫，还可以有课中活动的介绍、学习方法的说明、生字词语的认读等内容。

需要注意的是，课始的铺垫需要而且应该在上课之初就进行，这样才叫铺垫。因此，我们需要回避那些直到课文上得差不多了才出示有关背景材料的做法，那只是一种花样手法，往往会产生类似于"以辞害意"的副作用。

56.字词教学角度的创新

现代文阅读教学中，不少教师不进行字词教学；有时，连文言诗文的教学也不教字词。其实，课文中的部分字词，即使是语文教师，有时候读写起来也会觉得困难。

如《观舞记》中的一些字词，如果教师不精心备课的话，或许有些字词不会读、不能写：

  静穆 端凝 颦蹙 嗔视 妥帖 惆怅 笑颊粲然 尽态极妍 惊鸿 星宿 雏凤

如《祝福》中的若干字词，也有语文教师读不准、写不好的：

  烟霭 朱拓 形骸 荸荠 祭祀 桌帏 讪讪 怔怔 蹙缩 窈陷 歆享 牲醴

所以，为了让学生有好的语言基础，我们应该十分重视课堂中的字词教学。除了常用的以检查预习的方式组织字词认读的活动之外，还需要多种多样的字词教学方法与形式的创新。

（1）教学课文中最难的字词，如《老王》：

  荒僻：（huāng pì）荒凉偏僻。

  取缔：（qǔ dì）明令取消或禁止。

  镶嵌：（xiāng qiàn）把一物体嵌入另一物体内。

  伛：（yǔ）弯（腰）曲（背）。

  翳：（yì）眼角膜病变后留下的疤痕。

  攥：（zuàn）用手握住。

滞笨：(zhì bèn) 呆滞笨拙。

愧怍：(kuì zuò) 惭愧。

(2) 教学课文中奇妙的字词组合，如《听听那冷雨》：

凄凉：①寂寞冷落，多用于形容环境或景物。②凄惨，如：身世凄凉。

凄清：①形容清冷，如：凄清的月光。②凄凉，如：琴声凄清。

凄楚：凄惨痛苦。

凄迷：①（景物）凄凉而模糊，如：月色凄迷。②悲伤：怅惘。如：神情凄迷。

(3) 选择字词最丰富的段落进行教学，如《大自然的语言》的首段：

萌发 (méng fā)：这里指草木在春天里开始显露生机。

次第 (cì dì)：依次，按照顺序或依一定顺序，一个接一个地。

翩然 (piān rán)：形容动作轻快的样子。

孕育 (yùn yù)：文中用来比喻酝酿着新生事物。

销声匿迹 (xiāo shēng nì jì)：形容隐藏起来，不公开露面。

衰草连天 (shuāi cǎo lián tiān)：形容荒草遍地，极其凋敝的样子。

风雪载途 (fēng xuě zài tú)：一路上都是风雪交加，形容旅途艰难。

周而复始 (zhōu ér fù shǐ)：转了一圈又一圈，一次又一次地循环。

(4) 结合一定的语言环境进行字词教学，如《台阶》：

一颗颗硬币大的小凹凼

我流着一大串涎水

沟里嵌着沙子和泥土

烟枪的铜盏对着青石板嘎嘎地敲一敲

身上淌着一片大汗，顾不得揩一把

黏性很强的黄泥掺上一些石灰水

他就憋住了不磕

硌了一硌

(5) 专门进行特别形式的字词如四字短语的教学，如《云南的歌会》：

生面别开　见景生情　引经据典　哑口无言　若无其事
美妙有情　呼朋唤侣　悦耳好听　晨光熹微　扶摇盘旋
淳朴本色　舒卷张弛　龙吟凤哕　唱和相续　盛会难逢

(6) 用"同类相聚"的方法指导学生进行字词积累，如《口技》等课文：

瞬息　是时　一时　既而　少顷　未几　俄而　俄顷　少时
顷刻　顷之　刹那　霎时　忽

(7) 用"语言学用""微型写作"的方式进行教学，如《大雁归来》：

请学生从课文中组合"一段话"，描述三月大雁的"说话"声：

三月，我们的大雁又回来了。它们向每个沙滩低语着，向每个刚刚融化的水洼和池塘问好。第一群大雁一旦来到这里，它们便向每一群迁徙的雁群喧嚷着发出邀请。每次出发之前，都有一场高声而有趣的辩论，而每次返回之前的争论则更为响亮。

如此等等，既为学生的字词学习带来了乐趣，丰富了他们的积累，又提高了教师的教学技巧。

57. 成语教学八法

成语教学是语言积累与语言学用的教学，是语言品析与语言欣赏的教学，同样应该富有创意。

教法一：相机点染。即利用适当的机会，顺势点缀一点饶有趣味的成语教学内容。

如在教学《狼》的课始，请学生进行联想，说出含"狼"字的成语：

> 狼狈为奸　狼吞虎咽　狼子野心　声名狼藉　狼心狗肺
> 引狼入室　如狼似虎　鬼哭狼嚎

这个教学设计既得体又得法，巧作铺垫，恰到好处地引导学生进入了课文学习。

教法二：读文积累。即利用含有较多成语的课文，进行专门的成语教学，并强调学生做好学习笔记。

如在《〈论语〉十二章》的教学中，设计语言积累和语言学用的环节，请学生辑录课文中的成语：

> 不亦乐乎　温故知新　三十而立　不舍昼夜　逝者如斯
> 箪食瓢饮　择善而从　博学笃志　三人行，必有我师
> 三军可夺帅，匹夫不可夺志

教法三：成语印证。即请学生运用成语证明自己读懂了课文中的字词的意思。

如在《口技》的教学中，教师请学生用成语印证课文中的"大""闻""满""毕""目""指""色""名""欲""走"十个字的意思，于是就有了下面的收获：

大（大张旗鼓）　闻（充耳不闻）　满（满城风雨）　毕（原形毕露）　目（一目了然）　指（了如指掌）　色（不动声色）　名（莫名其妙／不可名状）　欲（欲罢不能）　走（走马观花）

教法四：评价人物。即在小说、寓言、童话、神话的教学中，请学生运用四字短语或成语来评价文中的人物形象。

如在《台阶》的教学中，请学生运用成语评价课文中"父亲"的形象：

坚忍不拔　吃苦耐劳　含辛茹苦　老实厚道　低眉顺眼
沉默寡言　积铢累寸　如愿以偿

教法五：随文穿插。即在课文教学中，巧妙穿插引进一些课外成语。这种方法特别适用于与《论语》《孟子》《庄子》《史记》《世说新语》有关课文的教学。

如在与《论语》有关"高尚的思想品质"作品的教学中，顺势穿插成语积累的活动：

安贫乐道　富贵浮云　韦编三绝　博古通今　尽善尽美
三思而行　舍己为人　言传身教　身体力行　见贤思齐
不耻下问　发愤忘食　成人之美　言而有信　见义勇为
当仁不让　任重道远　死而后已

教法六：自讲故事。结合课文教学，请学生讲成语故事。

如在《塞翁失马》的教学中，请学生各讲一个成语故事：

愚公移山　黔驴技穷　门庭若市　一鸣惊人　掩耳盗铃

教法七：专题积累。即在课内或课外，利用某种契机进行专题积累的活动。如马年来到的时候，进行关于马的成语专题积累：

马到成功　一马当先　万马奔腾　龙马精神　马不停蹄
马首是瞻　快马加鞭　戎马倥偬　厉兵秣马　金戈铁马
车水马龙　一马平川　汗马功劳……

教法八：微型讲座。在有关课文的知识讲析中，顺势学习一批成语。如在刘禹锡的《酬乐天扬州初逢席上见赠》的教学中，教师就"典故"内容安排了课中微型讲座。

　　教师可以说：用典可以增加形象性，提高诗文的表现力；可以精炼语言，提高诗文的生动性；可以避直就曲，扩充诗文的容量，产生暗示效果；可以使诗文典雅风趣，表现我们的文化传统。

　　教师还可以说：其实，我们常常在不经意中用典，因为成语之中就满是典章故事。比如：

　　　　一鸣惊人　一诺千金　三顾茅庐　杞人忧天　卧薪尝胆
　　　　狐假虎威　闻鸡起舞　望洋兴叹　朝三暮四　呆若木鸡
　　　　夜郎自大　黔驴技穷　自得其乐　望梅止渴……

58.句式的学用与品析

句式,是句子的结构形式。句式,是句子的延展方式。句式,是句子的形态样式。

句式的学用与品析的教学,是语言学用教学中的一项重要内容。学生在句式训练之中,能够受到写句训练、语感训练、语法知识训练、修辞手法的运用训练以及一定的思维训练。

句式训练也是中、高考语文试卷中的常客,其出题的角度与方式一般而言都比较平俗,诸如长句改短句的测试等,远没有日常阅读教学中的句式学用训练来得灵动而美好。

比如,在《观舞记》开篇的句群中有一个讲究表达艺术的句式:"假如……我就要……":

> 我应当怎样来形容印度卡拉玛姐妹的舞蹈?
>
> 假如我是个诗人,我就要写出一首长诗,来描绘她们的变幻多姿的旋舞。
>
> 假如我是个画家,我就要用各种彩色,点染出她们的清扬的眉宇和绚丽的服装。
>
> 假如我是个作曲家,我就要用音符来传达出她们轻捷的舞步和细响的铃声。
>
> 假如我是个雕刻家,我就要在玉石上模拟出她们的充满了活力的苗条灵动的身形。
>
> 然而我什么都不是!我只能用我自己贫乏的文字,来描写这惊人的舞蹈艺术。

且不谈这个句群的表达作用与表达效果,仅就这个句式的学用——请学生再为这个片段增添一个"假如"句，就有很高的训练价值：第一，训练学生的分析能力，看写什么样的句子能够避免重复；第二，训练学生的语言运用能力，看怎样的表达才能符合上下文的语境；第三，训练学生的思维能力，看怎样选择与"诗人""画家""作曲家""雕刻家"同类的概念才算是思维比较严密。

日常阅读教学中的句式学用与句式品析的实践活动，有以下多种设计角度。

（1）运用一定的关联词进行造句训练。

（2）单纯的句式仿写训练或综合的仿写训练。如对《陋室铭》的仿写。

（3）在课文阅读中请学生发现、提炼、积累课文中的优美句式。如《谈生命》的教学。

（4）在一定的语言环境中进行假设性的句子"补写"活动。

（5）对特别的句式（如下定义）进行具体的写作指导。

（6）运用其他课文中的已经学过的句式来概述或描述本课文某个方面的内容。

（7）充分利用句式比较丰富的课文，进行目标明确的句式读写训练。

（8）背诵积累句式特别丰美的课文或语段。如《论求知》的教学。

（9）品析课文中的句式表达之美，赏析其表达作用与表达效果。如《春》的教学。

（10）安排专门的句式习得课。如《安塞腰鼓》的教学。

（11）就特别的课文进行奇特句式的知识讲析。如《在马克思墓前的讲话》的教学。

（12）在复习备考的过程中进行专门的句式写作训练。

……

阅读教学中的句式教学，往往用"选点深入"的方法进行。

如闻一多的《最后一次演讲》中的一段：

今天，这里有没有特务？你站出来！是好汉的站出来！你出来讲！凭什么要杀死李先生？杀死了人，又不敢承认，还要诬蔑人，说什么"桃色事件",说什么共产党杀共产党,无耻啊!无耻啊!这是某集团的无耻,恰是李先生的光荣!李先生在昆明被暗杀,是李先生留给昆明的光荣!也是昆明人的光荣!

学习活动设计:朗读感受,美感品析。

这个演讲段落口语色彩浓烈,句式丰富,设问、祈使、感叹、反问、反复、引用、对比等各类句子融为一体。由于大量使用富有爆发力的短句和第二人称的表达角度,加之演讲时的声色俱厉,所以全段文字显得酣畅淋漓、咄咄逼人,读来令人荡气回肠。

59. 段式学用训练

段式，就是段落的写作构思形式，段落的结构特点，也是段落展开的模式。如下面的语段：

> 深蓝的天空中挂着一轮金黄的圆月，下面是海边的沙地，都种着一望无际的碧绿的西瓜。其间有一个十一二岁的少年，项带银圈，手捏一柄钢叉，向一匹猹尽力地刺去。那猹却将身一扭，反从他的胯下逃走了。

此段用两个层次展开：先写静景，再写动景；先写景，后写人，以景衬人。它所呈现出来的结构形式，可学可用。

利用段落来训练、提高学生的读写能力，就是段式学用；运用优秀的模式写好精彩的段落，是文章写作中必须具有的技能。

段式的研究以及段式学用训练的研究，是课文阅读教学中极美的话题。这种美感的产生主要是因为段的结构与形态的优美。

有些课文中的段式非常奇特美妙。《中国石拱桥》和《苏州园林》中，蕴含着大量规范的形态不同的说明文段式结构。琦君的《春酒》的段式极有意思：第一段至第五段都以写"我"收束，第六段至第八段都以写母亲收束。老舍的《济南的冬天》的段式更为奇妙：每个自然段结尾的一个句子都有"点题"的意味……

精致美好的段落结构形式，在课文中比比皆是，它们是极好的语言表达的训练材料。一般而言，它们不仅语言简明或者生动，而且思维表达富有条理性和严密性。

在阅读教学中穿插段式学用训练，可以丰富学生实践活动的形式，可以协调课中活动的节奏，可以增加读写结合教学的美感。

这样的活动主要用解析的方式，让学生真正感受到段落展开的奥妙，便于学生理性地观察、思考与学用。如《春酒》中的"正面说明、侧面衬托"的美妙段式：

八宝酒，顺名思义，是八样东西泡的酒，那就是黑枣（不知是南枣还是北枣）、荔枝、桂圆、杏仁、陈皮、枸杞子、薏仁米，再加两粒橄榄。要泡一个月，打开来，酒香加药香，恨不得一口气喝它三大杯。母亲给我在小酒杯底里只倒一点点，我端着、闻着，走来走去，有一次一不小心，跨门槛时跌了一跤，杯子捏在手里，酒却全洒在衣襟上了。抱着小花猫时，它直舔，舔完了就呼呼地睡觉。原来我的小花猫也是个酒仙呢！

这个段落，就是一篇结构精致的微文。第一层写妈妈酿八宝酒的原料与制作时间及质量，第二层从"我"舍不得喝酒的情态及小花猫舔了酒之后的状态的双重角度来衬托八宝酒的美好。本段不论是从章法结构上，还是从手法运用上，都是段式学用的难得材料。

"正面说明、侧面衬托"的段落结构，《苏州园林》中也有：

苏州园林里的门和窗，图案设计和雕镂琢磨功夫都是工艺美术的上品。大致说来，那些门和窗尽量工细而决不庸俗，即使简朴而别具匠心。四扇，八扇，十二扇，综合起来看，谁都要赞叹这是高度的图案美。摄影家挺喜欢这些门和窗，他们斟酌着光和影，摄成称心满意的照片。

课文《中国石拱桥》中，也有同样精致的表达：

早在13世纪，卢沟桥就闻名世界。那时候有个意大利人马可·波罗来过中国，他的游记里，十分推崇这座桥，说它"是世界上独一无二的"，并且特别欣赏桥栏柱上刻的狮子，说它们"共同构成美丽的奇观"。在国内，这座桥也是历来为人们所称赞的。它地处入都要道，而且建筑优美，"卢沟晓月"很早就成为北京的胜景之一。

为了进行扎实有效的段式学用的训练，教师要善于运用横向联读的教材研读方法，发现、组合更多更美的语料，用丰足的语言材料显现表达的规律。

60. 语感训练的新角度

阅读教学中的语感训练，其实没有多少语文教师在做。在浩如烟海的课例中，真正有说服力有示范性的语感训练课难觅踪影。

从已经进行过的探索与研究来看，课堂上语感训练的做法有两个明显的弱点。一是视野过于狭窄，将对文句内容进行"换一换""删一删""调一调""比一比"的方法夸大为语感训练的最重要的方法。二是做法过于宽泛，好像阅读教学中的任何做法都是在培养训练学生的语感。

这两个方面的弱点共同表现出一个误区，就是漠视了学生语文知识的积累，淡化了语文知识、文学术语的教育，忽略了语文知识在增强学生阅读能力及丰富学生阅读经验方面的重要作用。

语感是什么？就是比较直接、迅速地感悟语言文字的能力，这是一种经验色彩很浓的能力，在实际应用中表现为一接触语言文字，就能产生多方位的丰富的直感。

所以，培养训练学生的语感，应当在"快速""直感"方面动脑筋，想办法，做尝试。

方法一：用举例的方法进行"术语"学用教育。如《春》的教学，请学生从"语感"的角度品析下面美段：

> 小草偷偷地从土里钻出来，嫩嫩的，绿绿的。园子里，田野里，瞧去，一大片一大片满是的。坐着，躺着，打两个滚，踢几脚球，赛几趟跑，捉几回迷藏。风轻悄悄的，草软绵绵的。

教师在讨论中顺势讲析：对这段文字，我们会有如下感觉——时令感，春天的脚步近了；画面感，文中描写了小草和快乐的人们；色彩感，绿绿的小草青得逼你的眼；动静感，一片一片的嫩草，享受春光的人……

画面感、色彩感、动静感、音乐感、层次感、情味感……这些是学生阅读文章时最基本的一些感觉，但是如果教师不教给学生有关"术语"，他们也许很难表达出这些感觉；而一经点破，则瞬间可以运用，经验立刻产生。如知道了"画面感"之类，马上可以对下面的段落有"感觉"：

  桃树、杏树、梨树，你不让我，我不让你，都开满了花赶趟儿。红的像火，粉的像霞，白的像雪。花里带着甜味儿；闭了眼，树上仿佛已经满是桃儿、杏儿、梨儿……

可以说，语文知识、文学术语的教育越是丰富与扎实，学生的语感发展越是快速与准确。

方法二：在实践中进行"格式"理解训练。如对《中国石拱桥》的段落结构的品析：

  石拱桥的桥洞成弧形，就像虹。古代神话里说，雨后彩虹是"人间天上的桥"，通过彩虹就能上天。我国的诗人爱把拱桥比作虹，说拱桥是"卧虹""飞虹"，把水上拱桥形容为"长虹卧波"。

教师在讨论中给学生以指导：此段文字第一层为总说，第二层为分说，总说句"石拱桥的桥洞成弧形，就像虹"也是这一段的中心句，全段结构严密，层次清楚，线索明晰。

类似于总分式、总分总、中心句、关键句、首尾照应、前后对比、详略有致、承上启下、叙议结合、开端发展高潮结局、重章叠句这些与文章"格式"有关的内容知晓得多了，学生对文章的感受力与经验就会大大增强，同样可以在很短的时间内产生敏锐的"直感"。

这其实也是"知识""术语"的功劳。

为什么非常多的语文教师在语感的敏捷方面大大强于学生？就是因为教师"术语"知晓得多而大大地增加了阅读的经验，因而可以"一眼洞穿"文字表达的奥妙。

语感训练的本质，就是"知识"背景下的"熟能生巧"。

61. 巧用"变形"手法

对诗词或文章原有的形态进行改变，是一种智慧的趣味的诗文品读角度。这种做法早已有之，最著名的莫过于对杜牧的《清明》的品读，其变形的"版本"众多，如变诗为词就是一种：

清明时节雨，纷纷路上行人，欲断魂。借问酒家何处？有牧童，遥指杏花村。

阅读教学中的变形手法，是语文教师可用的一种趣教手法，它可以"变文为诗""变诗为文""变诗为词""创新结构""选句成文"。将这种手法点缀于诗文品读的教学之中，可以产生美好的趣味与情味。

"变形"手法的运用，主要有4个方面的作用。

（1）激发兴趣，理解文意。如萧红的《祖父的园子》的文意理解活动，请学生自选内容，"变文为诗"。学生兴趣盎然，进行创作：

祖父浇菜，
我也过来浇，
但不是往菜上浇，
而是拿着水瓢，
拼尽了力气，
把水往天空一扬，
大喊着：
"下雨啰！下雨啰！"

（2）文中集美，思维训练。如冰心的《荷叶　母亲》的教学，每位同学都参与到集聚文中美句、创造微型美文的活动中：

窗外雷声作了，大雨接着就来，愈下愈大。

那朵红莲，被那繁密的雨点，打得左右攲斜。

红莲旁边的一个大荷叶，慢慢地倾侧下来，正覆盖在红莲上面。

雨势并不减退，红莲却不摇动了。雨点不住地打着，只能在那勇敢慈怜的荷叶上面，聚了些流转无力的水珠。

我心中深深地受了感动——

母亲啊！你是荷叶，我是红莲。心中的雨点来了，除了你，谁是我在无遮拦天空下的荫蔽？

（3）显现形态，品析章法。如《茅屋为秋风所破歌》的章法之美的赏析，将课文"变形"为四个自然段，其结构表现出来的"起承转合"的奥妙能让学生一目了然：

茅屋为秋风所破歌

/ 杜甫 /

八月秋高风怒号，卷我屋上三重茅。茅飞渡江洒江郊，高者挂罥长林梢，下者飘转沉塘坳。（起）

南村群童欺我老无力，忍能对面为盗贼。公然抱茅入竹去，唇焦口燥呼不得，归来倚杖自叹息。（承）

俄顷风定云墨色，秋天漠漠向昏黑。布衾多年冷似铁，娇儿恶卧踏里裂。床头屋漏无干处，雨脚如麻未断绝。自经丧乱少睡眠，长夜沾湿何由彻！（转）

安得广厦千万间，大庇天下寒士俱欢颜！风雨不动安如山。呜呼！何时眼前突兀见此屋，吾庐独破受冻死亦足！（合）

（4）便于朗诵，抒发情感。如《土地的誓言》的教学，这篇课文处处都是"诗句"，处处都可以用"变文为诗"的手法组织创造性的吟诵活动：

在春天，

东风吹起的时候，

土壤的香气便在田野里飘扬。

　　河流浅浅地流过，
　　柳条像一阵烟雨似的窜出来，
　　空气里都有一种欢喜的声音。

　　原野到处有一种鸣叫，
　　天空清亮透明，
　　劳动的声音从这头响到那头。

　　秋天，
　　银线似的蛛丝在牛角上挂着，
　　粮车拉粮回来，
　　麻雀吃厌了，
　　这里那里到处飞。

　　稻禾的香气是强烈的，
　　辗着新谷的场院辘辘地响着，
　　多么美丽，
　　多么丰饶……
　　没有人能够忘记她，
　　我必定为她而战斗到底。

　　除了一定的趣味性之外，"变形"手法的运用，仍然关注学生阅读分析能力的训练与思维能力的训练。值得一说的是，这种手法在教学中应该是偶尔可用，不要常用，有选择性地偶一用之，能够更显奇妙之处。

62. 由一篇知一类

由一篇知一类,是阅读教学的重要理念和理想境界。

由一篇知一类,是一种浅显易懂的说法,指的是在阅读训练中,学生在经过某个方面的知识训练与技能训练之后,就能尝试运用这种知识或技能去解读、分析其他的作品。这就表现出学了能用、学以致用的好效果,这就表明语文教师能够运用教材、利用教材对学生进行知识与能力训练,从而大大提升课堂教学效率,有效提高学生的阅读分析能力。

下面以《台阶》的精彩片段的品读为例进行说明:

父亲的准备是十分漫长的。他今天从地里捡回一块砖,明天可能又捡进一片瓦,再就是往一个黑瓦罐里塞角票。虽然这些都很微不足道,但他做得很认真。

于是,一年中他七个月种田,四个月去山里砍柴,半个月在大溪滩上捡屋基卵石,剩下半个月用来过年、编草鞋。

大热天父亲挑一担谷子回来,身上淌着一片大汗,顾不得揩一把,就往门口的台阶上一坐。他开始"磨刀"。"磨刀"就是过烟瘾。烟吃饱了,"刀"快,活做得去。

台阶旁栽着一棵桃树,桃树为台阶遮出一片绿荫。父亲坐在绿荫里,能看见别人家高高的台阶,那里栽着几棵柳树,柳树枝老是摇来摇去,却摇不散父亲那专注的目光。这时,一片片旱烟雾在父亲头上飘来飘去。

父亲磨好了"刀"。去烟灰时,把烟枪的铜盏对着青石板嘎嘎地敲一敲,就匆忙地下田去。

冬天,晚稻收仓了,春花也种下地,父亲穿着草鞋去山里砍柴。

他砍柴一为家烧，二为卖钱，一元一担。父亲一天砍一担半，得一元五角。那时我不知道山有多远，只知道鸡叫三遍时父亲出发，黄昏贴近家门口时归来，把柴靠在墙根上，很疲倦地坐在台阶上，把已经磨穿了底的草鞋脱下来，垒在门墙边。一个冬天下来，破草鞋堆得超过了台阶。

父亲就是这样准备了大半辈子。塞角票的瓦罐满了几次，门口空地上鹅卵石堆得小山般高。他终于觉得可以造屋了，便选定一个日子，破土动工。

上述片段，是教师在教学《台阶》时一定要精读的重要内容。从小说阅读教学的角度来看，在这个片段的精读品析过程中，教师可以点拨给学生"由一篇知一类"的文学知识，训练学生"由一篇知一类"的阅读技能，从而让学生既积累知识，又提升能力。

具体来说，主要有以下8点。

（1）感知并提取能够统领全文或文中某个部分的关键句，如"父亲的准备是十分漫长的"。

（2）品析并提取文中运用材料、表现人物的关键词，如文中反复出现的"准备"一词。

（3）感知文中为展开故事情节或细节的描写而安排的"概写"段落。如先概写"一年中他七个月种田，四个月去山里砍柴……"，再细写父亲的辛劳。

（4）品析作者怎样选用精致的材料来展开故事情节，并表现人物的性格特点，如文中精选的"父亲"在"大热天""冬天"里辛苦劳作的事例。

（5）品味并欣赏作者对严密的文章结构、充分表现人物形象的"照应"手法的运用。

（6）赏析作品中表现人物性格的特别技巧，如文中"明用数字，暗用数字写人"的手法。

（7）欣赏文中的精彩片段的表现力，如"冬天"段落的描写内容。

（8）体味运用成语或四字短语对人物进行评说的方法。

上述 8 个方面的知识积累和能力训练，虽然不可能全部用于教学之中，但有选择性地、突出重点地进行落实，就能够让学生长知识、增能力。有了这样扎实的训练，"由一篇知一类"就不会再是空话。

63. 顺势增加课中积累

"顺势"二字,是我们很少研究的一种科学的思维方式,从教学的角度而言,它也是一种机智的教学技巧。

教学中的所谓"顺势",指的是顺着教学的进程,趁着教学中的某个契机,自然地、不着痕迹地进行深化或进行拓展的一种教学手法。

笔者在《夸父逐日》的教学之中,用"知识卡片"的形式,随着教学进程顺势进行了四次"穿插",让学生积累了更多的知识:

课始:神话是古代先民以幻想的方式集体创作的故事。

课中:"夸父逐日"是神话,是成语,是典故。

课中:《夸父逐日》有巧妙的结构——开端、发展、高潮与结局。

课末:神话阅读的经典格言——人类借助神话在幻想中征服自然。

运用这种教学手法的好处是,趁势进行,富有美感。将它用于增加学生的课中积累,则是省力省时,自然而然,轻巧圆润。

课堂教学中,我们可以顺势渗透知识教育。如《行路难》的教学。

活动一:说说你感受到的文中的美句。

学生品味、思考、发言之后,教师顺势进行知识教学:

锤炼警句,诗文生辉

警句,就是语言精练、寓意深刻的语句。

作品中的警句,往往用精炼的语言表达出深刻的思想。警句常常能超越时代、地区的局限而给人以极大的启发和教益。

《行路难》:一首运用警句来抒情的诗。

活动二：说说你对《行路难》诗句的意思和表达之美的理解。

学生自读自讲，互读互讲，然后课堂发言；教师顺势讲析：

引用典故，达意传情

  典故：典章和故实。用典，就是用特指的古事或古语婉曲地表达今义，就是引古说今。

  用典的效果：精炼语言，避直就曲，生动典雅，表现着我们的文化传统。

  《行路难》：一首运用典故来抒情的诗。

教师的两次讲析，都是顺着教学的进程，在学生讨论、发言之后自然地进行的，既切合文意，又显现出浓郁的文学的味道，深化了课文的教学内容，同时增加了学生的知识积累。

这样的知识渗透，是任何语文教师，在任何阅读课中都可以进行的，久而久之，学生的课堂积累就在无形之中丰厚起来、丰美起来。

课堂教学中，我们可以顺势渗透语言教育。如《陋室铭》的教学。

教师组织了对课文的朗读、品析、背读、欣赏等教学活动，欣赏的活动重在对句子的赏析。

学生进行了充分的课堂实践活动之后，教师顺势做出小结，并讲析：

  "山不"句山水起兴，仙龙为喻。
  "苔痕"句写静为动，情景交融。
  "谈笑"句虚实结合，以客衬主。
  "可以"句对比鲜明，志趣高雅。
  "南阳"句妙用典故，暗写志向。
  "孔子"句巧妙引用，画龙点睛。
  全文叙议结合，托物言志，表达精美，手法生动；表现了作者淡泊明志、宁静致远的性情和洁身自好、高洁傲岸的情操。可谓千古绝唱，深受后人推崇。

教师在这里的讲析中,大量选用了雅致的四字短语,对文句、对人物进行评价,学生当堂做好听课笔记,在四字评价短语的学用上有了厚重的积累。

顺势增加学生的课中积累,需要语文教师做到"用心"二字。

"用心"之一就是要精于学习、勤于积累、善于撷取,提升专业水平,使自己有足够的增加学生知识积累、语言积累的视野与能力。

"用心"之二就是要乐于思考、巧于整合、工于设计,提高教学技艺,使自己有智慧的方法与手法,为学生增加教学的容量与深度。

64. 训练概括能力的妙法

下面是2003年语文全国高考Ⅰ卷中的一道语言运用题：

提取下列材料的要点，整合成一个单句，为"遗传"下定义。

①遗传是一种生物自身的繁殖过程。②这种繁殖将按照亲代所经历的同一发育途径和方式进行。③在这一过程中，生物将摄取环境中的物质建造自身。④这种繁殖过程所产生的结果是与亲代相似的复本。

这道题其实是个概括题，考查的是"高端"的概括能力。

概括能力，从阅读与表达的角度来看，是人的一生中非常重要的一种能力。

课文阅读教学中的概括能力训练，妙法无限，妙趣无限。

概说课文的角度多种多样。如段意的概括、文意的概括、人物形象的概括、事物特点的概括、写作方法和语言特色的概括等。

概说课文的方式多种多样。如关键词概括、一句话概括、联语式概括、写段式概括、对话式概括等。

请看下面各有意趣的概括训练活动的设计角度。

《诫子书》：用一个不超过三十个字的句子概括文意。

《陈太丘与友期》：请学生反复朗读课文，用朗读停顿表现出课文的两个层次。

《狼》：用八个字介绍课文的情节：遇狼，御狼，防狼，杀狼。

《观潮》：用带有"前、中、后"的句子概括文意。

《赫尔墨斯和雕像者》：提取全文的关键词——赫尔墨斯、想、问、白送。

《散步》：给这篇美文再拟一个标题，表示你读出了课文的味道。

《苏州园林》：提取并组合课文中各个自然段的中心句。

《旅鼠之谜》：归纳北极旅鼠的几大奥秘。

《台阶》：用五个句子从不同的角度评说"父亲"是一个怎样的人。

《蚊子和狮子》：给这个故事再写一个点题句。

《泥人张》：用几个短语或成语评价"泥人张"这个人物形象。

《刷子李》：概说"刷子李"之奇，概说《刷子李》之妙。

《紫藤萝瀑布》：从文中提炼出一篇"写物寄意"的微型美文。

《济南的冬天》：提取文中最能概括济南冬天特点的一个词。

《孔乙己》：概写孔乙己的"手"的八种作用。

《大自然的语言》：从学过的课文中找出与这篇课文第一段结构相同的一个"段"。

《花儿为什么这样红》：用整合文中关键短语的方法来概括文章的基本内容。

《愚公移山》：提取出这篇课文中能够概括移山故事的一个双音节词。

《端午的鸭蛋》：用三个短语概括汪曾祺作品的语言特色。

《小狗包弟》：各用一个句子概说课文第一段和倒数第二段的表达作用。

《祝福》：根据课文内容简说——祥林嫂，一个没有春天的女人。

《一滴眼泪换一滴水》：人物素描——我眼中的伽西莫多，我眼中的爱斯梅拉达。

…………

从课文结构来看，最有趣的是《木兰诗》——每一节诗的最后两句都可以用来概括这节诗的大意：

问女何所思，问女何所忆。女亦无所思，女亦无所忆。昨夜见军帖，可汗大点兵，军书十二卷，卷卷有爷名。阿爷无大儿，木兰无长兄，<u>愿为市鞍马，从此替爷征</u>。

万里赴戎机，关山度若飞。朔气传金柝，寒光照铁衣。<u>将军百战死，壮士十年归</u>。

173

爷娘闻女来，出郭相扶将；阿姊闻妹来，当户理红妆；小弟闻姊来，磨刀霍霍向猪羊。开我东阁门，坐我西阁床，脱我战时袍，著我旧时裳，当窗理云鬓，对镜帖花黄。出门看火伴，火伴皆惊忙：<u>同行十二年，不知木兰是女郎。</u>

....

原来，有趣有味的概括训练活动也一定与教师的课文研读、教学资源提取的能力密切相关。

65. 训练分析能力的多种角度

分析能力是一种综合性的逻辑思维能力。

本文所说的分析能力，不是广义层面上的概念。这里指的是阅读时对文本的思路、层次、结构、情节、脉络、顺序进行解析和划分的一种重要的能力。

阅读教学中的分析训练，着眼较多的有两项，一是故事情节的分析，一是行文顺序的分析。我们需要知晓、运用更多的训练角度与活动方式，使学生受到更丰富的分析训练。

（1）分析小说、诗歌、童话、寓言、故事、戏剧的情节。比如：

《走一步，再走一步》：分析文章结构，复述故事情节。

《蚊子和狮子》：从不同的角度分析、概括故事情节。

《木兰诗》：复述这首诗的故事情节，背诵全诗。

《我的叔叔于勒》：从多种角度梳理课文的情节结构。

《鸿门宴》：讲述鸿门宴的经过，并给每个情节拟一个小标题。

《祝福》：阅读课文，按序幕、开端、发展、高潮、结局、尾声写出小说的情节提纲。

（2）划分文章或文段的层次。比如：

《人民解放军百万大军横渡长江》：说说导语是什么？从哪几个地方总领了全文？说说文章的主体部分有几个层次？它们是怎样衔接在一起的？

《中原我军解放南阳》一文，有人分为五层，有人持不同意见，你怎样划分这篇文章的层次？

《曹刿论战》：鲁国获胜后，曹刿的解释分几层意思？

《记承天寺夜游》：将课文划分为两个层次、三个层次或四个层次，分别如何划分？

《我的信念》的"段"的层次结构有什么样的特点？先划分再概括规律。

(3) 辨识、解说、阐释文章的行文顺序。比如：

《秋天》：有感情地朗读这首诗，想想写景的次序，再背诵全诗。

《中国石拱桥》：作者分别介绍赵州桥、卢沟桥，说明的顺序基本相同，请具体说一说。

《故宫博物院》：作者介绍了太和殿哪些方面的情况？说明顺序是怎样的？

《核舟记》：试具体分析本文主体部分这样安排写作顺序的原因。

《小石潭记》：说说作者抓住了小石潭的哪些特点？是按照什么顺序写的？

《乡愁》：说说诗人所抒写的乡愁是怎样随着时间的推移而一步步加深、升华的？

《山市》："山市"从开始到最后是怎样一步一步变化的？

《伤仲永》：方仲永的变化经历了哪几个阶段？

《背影》：复述父亲过铁道买橘子的过程。

(4) 解说、阐释文章内部结构的关系，或图示全文结构。比如：

《化石吟》：说说这首诗的第二节与最后一节是什么关系？这样写好在哪里？

《我爱这土地》：这首诗的第二节与第一节之间有什么关系？

《从百草园到三味书屋》：你从这个课文标题得到了哪些信息？分别找出写百草园和三味书屋两部分的起止语句以及中间的过渡段。

《闻一多先生的说和做》：课文的两个部分之间是用哪些话过渡的？是怎样起过渡作用的？

《口技》：文中前后两次把极简单的道具交代得清清楚楚，这对文章的结构和表现口技者的技艺有什么作用？

　　《福楼拜家里的星期天》：短短的一篇文章，写了四位作家。作者是怎样组织材料、安排结构的？

　　《看云识天气》：设计一种表格，列出云彩及其光彩的种类、特征和它们预示的天气情况。

　　《月亮上的足迹》：试着把登月的全过程画一张示意图，并做简要的解说。

（5）上述分析、划分的训练再进一步或再提升一步，就是"要点提取、概括"的训练了。比如：

　　《济南的冬天》：假设要给没有到过济南的人讲讲济南美丽的冬天，参照课文，你将分哪几个方面讲？着重讲哪些精彩片段？

　　《夏感》：说说作者是从哪几个方面描写夏天的景致的？

　　《黄河颂》：诗人从哪些方面赞美了黄河的英雄气魄？

　　《苏州园林》：苏州园林的整体特点是什么？课文从哪几个方面具体说明这个特点的？

　　《三峡》：作者是从哪些方面描写三峡自然景观的？

　　…………

66.科学地训练学生品词论句的能力

品词论句的能力,是教师、学生必须具备的基础的语文能力。

训练学生此方面的能力,要讲究"科学"二字。

但在日常阅读教学中,我们常让学生谈学习感受而忽略此方面的训练。即使是考试与检测,也缺少必要的标准。观察历年中考题,数量多且内容浅的语言品析题往往是:某某词删去行不行,为什么?

这样就在无形之中大大降低了学生品词论句能力的考查难度,且容易误导平时的教学。

就确保有质量有效果的训练而言,在品词论句方面,其"科学性"表现在两项要求上。

(1)难度要高。要着眼于对表达作用、表达效果、深刻含义、表达技巧的理解与阐释进行训练。

如课文《亲爱的爸爸妈妈》中极好的练习设计:

课文中有不少意味深长的描写和议论,请仔细体味其中的含义,回答括号里的问题。

①凄风。苦雨。天昏。地暗。

(这里连用四个句号,起到了什么表达效果,这里仅仅是在描写天气吗)

②"他们杀孩子、老师,也杀牧师、工人、木匠、小店老板、鞋匠……全是纯朴勤劳的普通市民。"

("全是"一词强调了作者什么样的感情)

③历史、现实,在雨中融合了——融成一幅悲哀而美丽、真实而荒谬的画面。

（你怎样理解这看似矛盾的议论）

④人，是健忘的。不记仇，很对。但是，不能忘记。
（联系上下文，说说这几句话的内涵）

⑤明赫白仍然双手撑着头流泪。我和安格尔走过去和他握手。许多人走过去和他握手。
（联系上下文，说说为什么明赫白能得到众人的宽恕和尊重）

这些练习题有着较大的难度，明显地表现出对学生精读能力的训练意图。不仅如此，还表现出丰富精细的设计角度，对教师的教学有着非同一般的启迪作用。

（2）点拨要细。要从指导与点拨揣摩语言的角度，让学生知道从什么样的路径入手去进行语言品析。

如课文《新闻两则》后面极好的练习设计：

联系上下文，比较下边每组中的两个句子，说说哪一句好，并说说理由。

①二十日夜起，长江北岸人民解放军中路军首先越过安庆、芜湖线，到达繁昌、铜陵、青阳、荻港、鲁港地区，共渡过三十万人。

②二十日夜起，长江北岸人民解放军中路军首先突破安庆、芜湖线，渡至繁昌、铜陵、青阳、荻港、鲁港地区，二十四小时内即已渡过三十万人。

（提示：注意从加点的词语含义的差异上体会它们不同的表达效果）

①结果就在二十一日那一天，东面防线又被我军突破了。
②不料正是汤恩伯到芜湖的那一天，东面防线又被我军突破了。
（提示：注意比较语句的感情色彩）

①我们在所有江淮河汉区域，不仅是树木，而且是森林了。不仅生了根，而且枝叶茂盛了。

②我们在所有江淮河汉区域，不仅建立了稳固的根据地，而且扩

大了根据地。我们的根据地不仅巩固了,而且赢得了人民群众衷心的拥护。

(提示:注意从语言的生动形象性上比较)

这里指导学生用比较的方法品词论句,三个小题分别从不同的角度做了角度精致的提示。能够点拨、引导学生切入一定的思考角度,细心品味语言现象。这样细腻的做法同样启迪着教师细化、优化品析教学的设计。

在品词论句能力的训练上,只有保持一定的难度才能起到训练的作用,而为学生点拨品析的角度则能让学生知晓方法,习得技能,此二者缺一不可。

67.关注学生思维能力的训练

思维能力与个人智慧、处事水平密切相关。

思维能力的训练是语文读写教学中一个微妙的问题。它似乎很难单独进行，也似乎很难有定向准确的方法，似乎大家都在说它很重要，又似乎总是没有"抓手"。

其实，每天的课堂教学中，很多活动都与思维训练有关。

如想象、联想、设想、概括、分析、分类、比较、辨析、判断、聚合、整理、重组、勾连、归纳、抽象、推理、论析、探究、策划、置疑、批判等，都能让学生的思维活跃起来、丰富起来、宽广起来。

对学生思维能力的训练，或者说教师自己的思维训练，主要需要落实到两个关键之处：一是"发展思维能力"；二是"拓展思维空间"。而且，这两个关键短语都出现在了新课标中。

我们要在关注学生语言能力提高的同时，关注学生思维能力的发展，对学生进行思维的严密性、条理性、灵活性、敏捷性的训练。

我们可以在教学中引导学生进行多角度、有创意的阅读，利用阅读置疑、阅读评论、课文再利用等环节，拓展学生的思维空间，提高学生的思维水平。

"发展思维能力"与"拓展思维空间"彼此之间没有明显的界线，训练的过程都依凭于阅读的过程，都与学生语言能力的训练相关联，都需要教师设计有综合训练价值的课堂实践活动。

请看《记承天寺夜游》中的一个教学环节——趣味概括活动：

记承天寺夜游

/苏轼/

元丰六年十月十二日夜,解衣欲睡,月色入户,欣然起行。（　）

念无与为乐者,遂至承天寺寻张怀民。怀民亦未寝,相与步于中庭。（　）

庭下如积水空明,水中藻、荇交横,盖竹柏影也。（　）

何夜无月?何处无竹柏?但少闲人如吾两人者耳。（　）

活动内容:①请学生在括号中分别用带有"月"字的四字短语概括本文的四层意思;②请学生在品味课文内容、体味作者情感的基础上自选角度对本文的层意进行概括。

这既是阅读能力的训练活动,语言运用的实践活动,同时也是思维的深刻性、条理性、灵活性的训练活动,在"发展思维能力"和"拓展思维空间"方面都有训练意义。

再请看《社戏》教学中一次美妙的活动设计——读下面的句子,品析与前后文内容有重要关联的一个词或短语:

我的很重的心忽而轻松了,身体也似乎舒展到说不出的大。一出门,便望见月下的平桥内泊着一支白篷的航船……

活动的话题,激起了学生思维的浪花:

"轻松"与前文因看不成戏的沮丧形成鲜明对比,写出了"我"欢喜轻快的心情。

"航船"一词很重要,既与双喜的建议相呼应,又点示了孩子们看社戏的重要场景。

"月下"两个字非常重要,它表现看社戏的日子是一个有月亮的晚上,它照应着后文中孩子们的一切活动,夏夜行船、船头看戏、月下归航,月下偷豆……后文中对美丽月下景物的描写与这两个字密切相关。

"平桥"一词也富有表现力,出发的时候,母亲在平桥送别我们,归来的时候,平桥的桥脚上站着一个人,却是"我"的母亲;这里的照应很生动地表现了母亲的细心与牵挂……

这样的活动,既是阅读品析能力的训练,也是与"拓展思维空间"有关的细节性的训练。学生思考的角度丰富、品析的内容细腻,在主动积极的思维和情感活动中,有所感悟和思考,并能受到情感熏陶,享受审美乐趣。

68. 训练学生的阐释能力

有一道这样的训练题——请简明地阐释材料中的"抗坏血酸":

在作为食品添加剂的时候,它通常被叫作"抗坏血酸";而它本身也是人体需要的营养成分——维生素C。维生素C不稳定,空气、光照、加热、与金属容器接触,都会使它失去活性或者分解。正是它的这种不稳定,使它具有了良好的"抗氧化性"。加到食品中,它舍己为人先被氧化,从而保护食品中的其他成分。

它训练的就是阐释能力。

所谓"阐释",就是根据一定的材料和原理,简明清晰地说清楚是什么、有何特点、过程怎样、方法怎样、人物怎样、道理何在、作用何在、效果如何、概念内涵、事理原因等有关内容。说得绝对一点,阐释能力是阅读能力中的"顶层"能力,所有能力的外现,都需要借助"阐释"。阐释能力是一个人终身要用的必备能力,应该引起所有语文教师在课堂训练中的关注。

利用课文训练学生的阐释能力,就是设计学生的品析、阐释活动,以提高学生准确地概括、简洁地说明以及有层次地进行表述的能力。

(1) 训练学生的阐释能力,可以从宏观的角度进行

如在《中国石拱桥》的教学中,设置这样的话题:请阐释——《中国石拱桥》有着完美的整体结构,是说明文写作指导的极好范本。

学生需要在教师的指导下进行这样的阐说:

《中国石拱桥》的总体结构非常完美。全文共由十个自然段组合而成,按照"石拱桥——中国石拱桥——中国石拱桥的典型杰作——

中国石拱桥的新发展"的顺序来组织材料、进行说明。全文结构严密，讲究顺序的逻辑性，按从一般到个别、从概貌到具体、从过去到现在的思路进行着有条有理的说明与介绍。它那精密的构思，极有层次的布局，规范的段内结构，表明它是一篇美妙的说明文写作指导的范本。

(2) 训练学生的阐释能力，可以从中观的角度进行

如《故宫博物院》的教学，请学生研读课文第十一段，试阐释这一段在全文结构与顺序方面的作用：

> 从保和殿出来，下了石级，是一片长方形小广场，西起隆宗门，东到景运门。它把紫禁城分为前后两大部分。广场以南，主要建筑是三大殿和东西两侧的文华殿、武英殿，叫"前朝"。广场北面乾清门以内叫"内廷"，是皇帝和后妃们起居生活的地方，主要建筑有乾清宫、交泰殿、坤宁宫和东六宫西六宫。

在教师的点拨下，学生可以进行如下要点的阐释：

> 这一段勾勒了紫禁城的布局与结构特点，点明了重要建筑群落的基本关系及其作用，承上收束了"三大殿"的描述说明，启下引领了对"后三宫"等建筑的简略解说。

(3) 训练学生的阐释能力，可以更多地从微观的角度进行

如在《苏州园林》的教学中，教师请学生对第六段词句的表达效果进行体味并阐释。

学生可以阐释的内容有：

"假山和池沼"是段的总说，表明了分说的顺序。

"配合""安排""布置""一幅画的效果""入画的一景"等都与全文的中心句相呼应。

"池沼宽敞""河道模样""齐整的岸""池沼里"表现出了对"池沼"的说明顺序。

"重峦叠嶂"写出了变化多姿的假山的自然之趣。

阐释能力的训练,可依凭于口头表达或书面表达的训练形式。抓住了这种能力的训练,就抓住了最核心的理解与表达能力的训练。

69. 训练学生文学欣赏能力的基本要求

诗歌、小说、散文、戏剧、童话、寓言等体裁的作品，我们称之为文学作品。

初中学段也需要关注学生文学欣赏能力的训练吗？答案是肯定的，不仅初中需要，小学也需要，关于这些，新课标有确切的"规定"。

新课标非常明确地指出：学生应该"具有独立阅读的能力""学会运用多种阅读方法""能初步鉴赏文学作品"。

新课标甚至从考试、评价的角度提出了要求："可通过考查学生对形象、情感、语言的领悟程度，以及自己的体验，来评价学生初步鉴赏文学作品的水平。"

可以看出，教学要求已经到了"鉴赏文学作品"的高度。

为了执行新课标的要求，表现语文学科的特点，我们对学生进行文学作品欣赏能力的训练，需要做到"四个要"。

要有体裁特点的意识：特别不能把小说、散文、童话作品当成一般的记叙文来进行教学。

要有审美品美的教学：引导学生品析欣赏作品中的人物美、景物美、语言美、手法美、情感美、章法美，注意培养学生的文学趣味。

要有精读能力的训练：提高学生的鉴赏能力，训练学生品析、欣赏作品的表达艺术。

要有文学术语的渗透：使学生对文学现象有敏锐的感受能力、鉴赏能力和阐释能力。

下面仅举小说教学的例子来说明，如《我的叔叔于勒》开端部分的赏析教学：

187

我小时候，家在哈佛尔，并不是有钱的人家，也就是刚刚够生活罢了。我父亲做着事，很晚才从办公室回来，挣的钱不多。我有两个姐姐。

　　我母亲对我们的拮据生活感到非常痛苦。那时家里样样都要节省，有人请吃饭是从来不敢答应的，以免回请；买日用品也是常常买减价的，买拍卖的底货；姐姐的长袍是自己做的，买十五个铜子一米的花边，常常要在价钱上计较半天。

　　可是每星期日，我们都要衣冠整齐地到海边栈桥上去散步。那时候，只要一看见从远方回来的大海船开进港口来，父亲总要说他那句永不变更的话：

　　"唉！如果于勒竟在这只船上，那会叫人多么惊喜呀！"

话题：赏析这一部分文字在全文中的表达作用。

可以从体裁意识、审美品美、精读训练、文学术语四个方面进行品析、欣赏：

　　表现小说"儿童视角"的叙事角度。

　　虚实之中让小说里几乎所有的人物出场，为故事的展开做好了充分的准备。

　　用简洁的笔墨介绍了家境，为情节的发展特别是为人物心理活动的变化设置了故事背景。

　　"父亲总要说他那句永不变更的话"形成了故事的悬念。

　　最耐人寻味的、最有丰富表现力的是父亲的话：第一，"如果于勒竟在这只船上"；第二，"那会叫人多么惊喜呀"。

　　随着故事情节的发展，让人意想不到的是，于勒竟然真的在一艘"船"上出现了——"我们"一家人乘"特快号"船去哲尔赛群岛旅行，在船上巧遇于勒。

　　于勒居然真的"竟在这只船上"！但是带给"父亲"的，不是"惊喜"，而是恐惧、愤怒。

　　至此，我们才回味到，小说开端部分的渲染，不仅仅只是为了引出于勒，更重要的是牵出一艘"船"，让"船"成为故事情节发展、激化人物矛盾的重要场景。

有趣的是，《我的叔叔于勒》通篇构思都与"船"有关，"船"是故事中重要的场景，也是故事的美妙线索。从头至尾，虚虚实实，无处不与"船"有关。

70. 作品欣赏教学中的"突现一个点"

"作品欣赏"四个字，应该成为阅读教学设计的一种理念。不论是从教材中大量的文学作品课文来看，还是从审美教育的要求来看，都应该有它的一席之地。

作品欣赏课，特别是文学作品的欣赏课、鉴赏课，也应该作为一种基本的阅读课型而进入我们教学设计的视野。

诗歌、散文、小说、童话、寓言、戏剧等文学体裁的课堂阅读欣赏教学叫作文学作品的教学，它要求教师指导学生了解作品的基本特征及主要表现手法，知晓作品所涉及的有关背景材料，对作品进行品析鉴赏。

关于文学作品的教学标准，在义务教育阶段的新课标中已经提出了"初步鉴赏"的要求，高中阶段的语文新课标更是明确指出：

学习鉴赏中外文学作品，具有积极的鉴赏态度，注重审美体验，陶冶性情，涵养心灵。能感受形象，品味语言，领悟作品的丰富内涵，体会其艺术表现力，有自己的情感体验和思考。

这是很高的教学要求。在文学作品的日常教学中，能够达到新课标标准的教学甚为稀少，这更加说明"作品欣赏课"的必要性。

作品欣赏课的设计及教学的要求主要有 5 点。

(1) 不用零碎提问的方式而用话题研讨的方法。

(2) 不是让学生泛谈感受，而是指导学生进行阅读赏析或鉴赏。

(3) 尽量克制教师课堂语言的"家常话"习惯，增加文学术语的自然运用。

(4) 教师需要在与学生的课堂对话中表现出自己的知识背景与鉴赏能力。

（5）作品欣赏的重点内容是语言、形象、艺术手法和丰富内涵。

设计作品欣赏课，最常用的角度与视点之一是"突现一个点"。

"突现一个点"，指在文意理解的基础上，或就人物形象，或就艺术手法，或就语言品析，或就精彩片段进行深入的阅读鉴赏。

下面是《孔乙己》作品欣赏课中"突现一个点"的一次活动设计。

话题——课文第一段的艺术表现力的欣赏：

> 鲁镇的酒店的格局，是和别处不同的：都是当街一个曲尺形的大柜台，柜里面预备着热水，可以随时温酒。做工的人，傍午傍晚散了工，每每花四文铜钱，买一碗酒，——这是二十多年前的事，现在每碗要涨到十文，——靠柜外站着，热热的喝了休息；倘肯多花一文，便可以买一碟盐煮笋，或者茴香豆，做下酒物了，如果出到十几文，那就能买一样荤菜，但这些顾客，多是短衣帮，大抵没有这样阔绰。只有穿长衫的，才踱进店面隔壁的房子里，要酒要菜，慢慢地坐喝。

在教师介绍课文背景、讲析有关鲁迅小说的知识，学生反复默读课文之后，教师出示话题，指导学生品析第一段的表达作用与表达效果：

> 这一段，设置了人物活动的"场景"——酒店。
>
> 这一段，安排了故事叙述的角度——儿童视角。孔乙己的故事，就是通过小伙计的眼睛表达出来的。
>
> 这一段，暗示了故事发生的时间，把孔乙己置于清朝末年这样一个特定的时间段内来刻画。
>
> 这一段，设置了"曲尺形的大柜台"，它照应着后续故事中的许多细节。
>
> 这一段，点示了两种非常重要的价格，孔乙己喝酒的细节，全都严密地照应着这两种价格；孔乙己欠的19文酒钱，也与它们有关。
>
> 这一段，概说了两种人物，短衣帮和穿长衫的。
>
> 可以说，这一段，是《孔乙己》故事的总枢纽，它为故事情节的展开，做好了一切准备。

71. 作品欣赏教学中的"牵动一条线"

在作品欣赏教学中，除了要"突现一个点"，还要"牵动一条线"。即在文意理解的基础上，设计能够牵一发而动课文全身的赏析话题，引领学生对课文内部密切关联的内容进行品读赏析。

很多作品内部有着美妙的写作线条，它们表现着作品的构思之美、手法之美、章法之美。从教学设计来看，非常需要教师对作品进行精心研读、发现和提炼。

比如《老王》的教学。

作者在文章结尾说："几年过去了，我渐渐明白：那是一个幸运的人对一个不幸者的愧怍。"

"愧怍"一词，含义丰富。我们可以设置阅读赏析的话题：请学生结合全文的细节描写来阐释作者的"愧怍"。

这个话题就牵动了非常多的细节，形成了一条悠长的情感线索：

"我"对自己不曾真正了解老王的心意而"愧怍"。

老王生病，"传"了话过来，"我"都没有能够去看看他，想起来就"愧怍"。

老王来到的时候，"我"没有"请进"，老王离开的时候，"我"没有送下楼，因而"愧怍"。

老王如何费劲弄到了好香油，大鸡蛋，如何拖着僵硬的身躯走了很远的路来到"我"家，又如何"直僵僵"地回到了他"偏远"的家，已经永远不可知道，因而"愧怍"。

老王送来的鸡蛋和香油还没有吃完，他就死去了，想来让人"愧怍"。

> "我"甚至还不知道他是如何死去的，因而"愧怍"。
>
> 老王死了，埋在什么地方，"我"不知道，因而"愧怍"。
>
> ……

这样的品析深入文本，学生在具体的语境中进行真切的体味，并在教师的点拨下知道，作者的"愧怍"，表现了知识分子对待苦难人们的悲悯情怀，彰显了纯美的人性。这是本文最富有内涵的意蕴所在。

再看《孔乙己》的教学。

设计"牵动一条线"的作品欣赏课的一项活动——话题：孔乙己的"手"描写欣赏。

可以欣赏到如下丰富的内容：

> 孔乙己的手是一双大手：从"他身材很高大""孔乙己着了慌，伸开五指将碟子罩住"可以看出。
>
> 孔乙己的手是可以挣一点钱的手：如，他写得一笔好字，能替人家钞钞书，换一碗饭吃。
>
> 这是免不了偷东西的手："可惜他又有一样坏脾气，便是好喝懒做。坐不到几天，便连人和书籍纸张笔砚，一齐失踪。如是几次，叫他钞书的人也没有了。孔乙己没有法，便免不了偶然做些偷窃的事。"
>
> 这是掏钱买酒喝的手："他不回答，对柜里说，'温两碗酒，要一碟茴香豆。'便排出九文大钱。"
>
> 这是用来卖弄学问的手："孔乙己刚用指甲蘸了酒，想在柜台上写字，见我毫不热心，便又叹一口气，显出极惋惜的样子。"
>
> 这是给孩子们茴香豆吃的手：如，"有几回，邻舍的孩子听得笑声，也赶热闹，围住了孔乙己。他便给他们茴香豆吃，一人一颗。孩子吃完了，仍然不散，眼睛都望着碟子。"
>
> 这是被折磨、拷打的手："我前天亲眼见你偷了何家的书，吊着打。"
>
> 这是接受羞辱的手："先写服辩，后来是打，打了大半夜，再打折了腿。"

这是用来代脚走路的手:"他满手是泥,原来他便用这手走来的。不一会,他喝完酒,便又在旁人的说笑声中,坐着用这手慢慢走去了。"

……

这个赏析话题,牵动着《孔乙己》中表现人物的重要线条,让学生感受了文学作品美妙的韵味,并在教师的点拨下知道:手的不同阶段的功用隐喻着孔乙己的人生命运。

72.腾一点时间用于"写"

在语文学习中,很多学生怕写,很多教师也怕写。由此我们可以说,"写"是一种很有力量的训练活动。

普遍而言,阅读教学的课堂上有三多:浮于浅表多,碎问碎答多,反思感悟多。如果我们把眼光放到那些纯粹运用所谓"模式"的课上,来观察那些所谓的"展示",则是更为可怕的三多:耗时多,花样多,假课多。

这样的教学浪费了学生美好的用于学习祖国语言文字的年华。

腾出一点时间来,让我们的学生在课堂上扎扎实实地进行"语言学习"吧。

读写结合,在课文阅读教学中是天然合理的。

少做那些教师一布置"题目",学生就能站起来朗读自己"习作"的假动作,真正地多给学生时间,每节课少则三五分钟,多则十来分钟,让学生静思默想,让学生咀嚼揣摩,让学生用颤动的笔尖,写出一行一行的文字。

阅读教学中的"写",主要依凭于课文,取材于课文。

阅读教学中的"写",要实实在在,要有训练力度,既要有利于课文阅读,又要有利于语言学用。

如利用课文《行道树》指导学生进行"课文集美",创作微型《行道树》:

街道树

我们是一列树,立在城市的飞尘里。

我们唯一的装饰,是一身抖不落的烟尘。

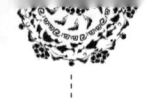

这种命运事实上是我们自己选择的，否则我们不必在春天勤生绿叶，不必在夏日献出浓荫。

神圣的事业总是痛苦的，但是，也唯有这种痛苦能把深沉给予我们。

我们这座城市总得有一些人迎接太阳！如果别人都不迎接，我们就负责把光明迎来。

或许所有的人都早已习惯于污浊了，但我们仍然固执地制造不被珍惜的清新。

立在城市的飞尘里，我们是一列忧愁而又快乐的树。

这样的课堂写作活动，集聚了课文中最精警的语句，将美句集为微型短文，激情诵读，热烈背诵，于读、于写、于情感熏陶，都是美好的教学意境。

阅读教学中的"写"，要有趣、有用、有效，既要有利于语言学习，又要有利于能力训练。

如利用课文《土地的誓言》，引导学生编写"朗诵稿"：

土 地

在故乡的土地上，我印下无数的脚印。

在那田垄里埋葬过我的欢笑，在那稻颗上我捉过蚱蜢，在那沉重的镐头上留着我的手印。我吃过自己种的白菜，故乡的土壤是香的。在春天，东风吹起的时候，土壤的香气便在田野里飘扬。

河流浅浅地流过，柳条像一阵烟雨似的蹿出来，空气里都有一种欢喜的声音。原野到处都有一种鸣叫，天空清亮透明，劳动的声音从这头响到那头。

秋天，银线似的蛛丝在牛角上挂着，粮车拉粮回来，麻雀吃厌了，这里那里到处飞。稻禾的香气是强烈的，辗着新谷的场院辘辘地响着，多么美丽，多么丰饶……

誓　言

　　土地，原野，我的家乡，你必须被解放！你必须站立！我夜夜听见马蹄奔驰的声音，草原的儿子在黎明的天边呼唤。这时我起来，找寻天空中北方的大熊，在它金色的光芒之下，乃是我的家乡。

　　我向那边注视着，注视着，直到天边破晓。我永不能忘记，因为我答应过她，我要回到她的身边，我答应过我一定会回去。

　　为了她，我愿付出一切。我必须看见一个更美丽的故乡出现在我的面前或者我的坟前。而我将用我的泪水，洗去她一切的污秽和耻辱。

这同样是一种"集美"。

更重要的是学生在写作过程中学会审美。

试问，当学生在课堂上运用这样的小小美文进行充满情致的朗诵时，还需要让学生对作者"深情地说一句话"吗？

73. "写"在阅读教学中的美妙运用

如果没有学生的"写",课堂阅读教学便顿然失色。"写"在阅读教学中有着美妙的作用。

变化课型,优化课堂教学结构,调整课堂教学节奏,活跃课堂教学氛围,形成有训练力度的课堂实践活动,用优雅的方式引导学生进行课文的文意把握,把学习运用祖国语言文字的理念变为实际行动,组织起着眼于整个班级所有学生的集体训练活动,教给学生学用语言与积累语言的方法,养成学生做课堂笔记的好习惯……都是"写"在阅读教学中的妙用。

最妙之处在于语言学用,在于习练语言。诸如"含英咀华,课文集美""串写课文,摇曳生姿""课文作文,七彩笔端""给词写句,趣读课文""句式学用,训练思维""段式学用,练读练写""展开想象,生动描述"等,都是课中学写的好方法、好形式。

在阅读教学中组织"写"的训练活动,需要教师在反复品析课文的基础上进行精心的课堂活动构思,使之自然、恰切、生动有趣地进行。

如《端午的鸭蛋》中各种不同的"写"的活动设计。

(1)用于文意理解。请学生学用《从百草园到三味书屋》中"不必说……,也不必说……,单是……就有无限趣味"的句式,就《端午的鸭蛋》的课文内容写一个长句:

不必说端午节系百索子、做香角子、放黄烟子的快乐,不必说品尝"十二红"的美味,单说那孩子们把"鸭蛋络子"当作心爱的饰物,让萤火虫在蛋壳中一闪一闪地亮就有无限趣味。

不必说端午节午饭中的"十二红"让人想象,也不必说端午咸鸭蛋的美形美色美滋美味,单是孩子们用丝线络子挂鸭蛋,把"鸭蛋络子"当作心爱的饰物,将萤火虫放在蛋壳中闪亮的玩耍就有无限趣味。

(2)用于段式学用。学用下面的"总分简介式"的写段形式,描述《端午的鸭蛋》中"孩子们过端午节的快乐":

家乡的端午,很多风俗和外地一样。系百索子。五色的丝线拧成小绳,系在手腕上。丝线是掉色的,洗脸时沾了水,手腕上就印得红一道绿一道的。做香角子。丝线缠成小粽子,里头装了香面,一个一个串起来,挂在帐钩上。贴五毒。红纸剪成五毒,贴在门槛上。贴符。这符是城隍庙送来的。城隍庙的老道士还是我的寄名干爹,他每年端午节前就派小道士送符来,还有两把小纸扇。符送来了,就贴在堂屋的门楣上。一尺来长的黄色、蓝色的纸条,上面用朱笔画些莫名其妙的道道,这就能辟邪么?喝雄黄酒。用酒和的雄黄在孩子的额头上画一个王字,这是很多地方都有的……

(3)用于课型创新。如设计《端午的鸭蛋》的"读写结合,以写为主""一课多写"的新课型。

课中活动一:请学生写内容概括,或写课文结构分析,或给课文的各个部分加上诗意的小标题,60字左右。

课中活动二:写微型说明文,简介高邮的鸭蛋。要求适当运用课文中朴实雅致的语言,150字左右。

课中活动三:写课文赏析文字,着眼于课文的第四、五两段,结合课文练习二的内容,指导学生写课文语言赏析文句,100字以内。

(4)用于课文作文。比如:假如你是课文中的小朋友,请你以"端午的咸鸭蛋"为主题写几句话;假如你是一位厨师,请你说说"高邮美食咸鸭蛋";假如你在高邮长大,请你以"童年的端午节"为主题写一段抒情的话……

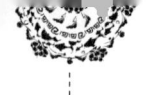

74. 用"写"来降低教学的难度

难文浅教，是教材处理的一种有效方法。

但从阅读教学的角度看，有的课文，在一定的学段内，连浅教也是比较难以进行的。

如北师大版初中语文八年级课文——鲍尔吉·原野的《静默草原》就是，如上海版初中语文九年级课文——张抗抗的《故乡在远方》就是。

这样的课文，其行文的"优点"往往是教学上的"缺点"，那就是文章枝蔓比较多。教学时难以寻觅到或提炼出教学的抓手：思路难以理清，层次难以划分，品析的重点难以确定。教学活动的设计，朗读一下是可以的，认字识词是可以的，让学生找出自己"喜欢"的地方是可以的，教师到处提问也是可以的，但通常就是只能在课文的表面上做文章，无法拎起有效的阅读训练的线条。

当课文在阅读教学的设计上颇有难度时，可以尝试的做法是，设计让学生"写"的活动，这也许是一种途径。起码，这是一种实实在在的有抓手的实践活动，是一种学习语言、运用语言的课堂训练，是一种积累比较丰富的能够训练学生的语感的思维活动。

"写"可以选择语料，可以组合词句，可以铺叙成篇，可以让学生经历困难而又享受创造的快意。

"写"是班级所有学生都要动笔的集体训练活动，是安安静静的课堂阅读训练活动，这样的活动，由于"语言"二字而显露出有效的价值。

"写"将课堂上的宝贵时间真正地让给了每一位学生，每一位学生都真正地享用到了成块的学习时间。

进行这样的教学，第一步仍然要进行文意理解或文意把握训练，这是对课文的略读，也是教学上的铺垫。然后再组织有效的课文写作活动。

如《静默草原》的教学。

第一步：文意把握。请学生用"辽远"一词来说话，概说课文中的"草原"。于是就有了学生的创造性的表述：

> 和海一样，草原在单一中呈现丰富。草就是海水，极单纯，极辽远，在连绵不断中显示壮阔。
>
> 在辽远的大草原上，脚下的草儿纷纷簇立，一直延伸到远方与天际接壤。这颜色无疑是绿，但在阳光与起伏之中，又幻化出锡白、翡翠般的深碧或空气中的淡蓝。
>
> ……

第二步：组句成文。学生可以根据自己的理解，自由创造，自由写作，利用课文"写"出一篇微型美文。于是就有了诗一样的表达：

草原速写

草原上，都是一样的风景：辽远而苍茫。草原没有边际，它的每一点都是草原的中心。

天，如穹庐一样笼罩大地。土地宽厚仁慈，起伏无际。

草就是海水，极单纯，一直延伸到远方与天际，在连绵不断中显示壮阔。

草原不可看，只可感受。

辽　阔

站在草原上，你勉力前眺，或回头向后眺望，都是一样的风景：辽远而苍茫。

脚下的草儿纷纷簇立，一直延伸到远方与天际接壤。

和海一样，草原在单一中呈现丰富。草就是海水，极单纯，在连绵不断中显示壮阔。

草原没有边际，它的每一点都是草原的中心。

天，如穹庐一样笼罩大地。土地宽厚仁慈，起伏无际。

置身于这样阔大无边的环境中，凝立冥想，你会觉得人竟然如此渺小与微不足道。

更有下面这样美妙的创造：

观　者

有风。衣襟被扯得飘展生响，我如长鬃披散的烈马。

勉力前眺，草原辽远而苍茫。在静默中观望，只有未来。

…………

大块的难以进行教学处理的文章，此时变成了微型的诗意的美文。

75. 阅读教学中的微型写作

阅读教学中，可以从微型写作的角度，设计学生"动笔"的训练。

其意义在于：形成阅读教学中的语言学用活动，形成课堂上集体参与的"写"的训练，形成学生长时间的课堂实践活动，形成高效率的让琐碎提问的教学方法基本消失的突现思考与表达的活动。

其意义还在于：提高教师研读课文的能力，提高教师利用课文设计学生活动的能力，提高教师变换教学手法与调整教学节奏的能力。

它们的"以写带读"的训练功能，可以大大提高课堂教学的效率。

笔者曾经在4000多字的《神奇的极光》的教学中设计了一次颇有牵引力的写作活动：请学生根据课文给"极光"下定义。

提出的要求是：请学生根据全文内容，给"极光"下一个定义。

明确要求：第一，用一个判断句——极光是……；必要时也可用几个单句；第二，必须包括极光的分布、成因和特点等。

课堂上首先出现的是所有学生凝神读书的情景，然后是所有学生专心致志地写作的状态。教学过程很安静，但读与写的过程却很紧张。

学生交流、修正之后形成的"定义"：

  极光，是太阳风粒子流在磁层的作用下汇聚成束并在极区高空激发大气中的分子和原子，导致发光的一种大气现象、光学现象和无线电现象。

这与词典中的定义大致一样：

  极光，是在高纬度地区、高空中大气稀薄的地方所发生的一种光的现象，通常认为是太阳辐射出来的带电粒子受到地球磁场的影响，进入地球高纬度高空，激发了大气中的原子和分子而造成的发光现象。

师生用最富有凝聚力的读写活动，用简捷深入的方式直击到了课文的核心内容。

笔者也曾经在近万字的《祝福》的教学中，指导学生写赏析短论，读写训练话题是：

> 反复手法，是《祝福》铺叙故事、表现人物的主流表现手法。重大的事件是：祥林嫂两次婚姻，两次死丈夫，两次来到鲁四老爷家当女工。请学生赏析课文细节，就《祝福》中的一处"复笔"进行赏析，写出100字左右的赏析文字。

在这个课堂研读活动中，每个学生都动笔训练了，都深深思考与细心表达了，赏析的内容也是细腻而深刻的。在学生的笔下，祥林嫂两次来到鲁镇，两次服饰的描写，数次外貌、肖像的描写，十多次眼睛、眼神、眼色的描写，十多次雪花的描写，鲁四老爷的几次皱眉，"我真傻，真的"话语的多次重复，祥林嫂额上的伤疤故事……无不具有深刻的表达作用与表达效果，甚至连"阿牛"的两次出现，都有深意，都值得咀嚼鉴赏：

> 这一天是四婶自己煮午饭；他们的儿子阿牛烧火。
>
> 冬至的祭祖时节，她做得更出力，看四婶装好祭品，和阿牛将桌子抬到堂屋中央，她便坦然地去拿酒杯和筷子。

师生的读写品析活动，完全改变了《祝福》的教学形式。

一般而言，阅读课中的微型写作活动的设计角度有：句式学用，段式仿写，课文信息提取，写课文概说文句，写语言赏析短文，写人物评析短文，用自己写的段替换课文中的段，给课文增写一个段，缩写课文内容，写文言诗句的白话文，文言诗歌教学中的"以诗译诗"，引用课文语句写励志小诗文，写成语故事，写典故故事等。它们能够让我们的阅读教学的课堂表现出灵动、深入的美感。

76. 加大学习方法指导的训练力度

新课标告诉我们：

尤其要注重激发学生的好奇心、求知欲，发展学生的思维，培养想象力，开发创造潜能，提高学生发现、分析和解决问题的能力，提高语文综合应用能力。

《中国学生发展核心素养》总体框架中指出：

学会学习。主要是学生在学习意识形成、学习方式方法选择、学习进程评估调控等方面的综合表现。具体包括乐学善学、勤于反思、信息意识等基本要点。

要达成上述训练目标，如果没有学习方法的指导和思维方式的训练，如果只是一味地在课文解析上着力，那么也许只能望洋兴叹。

学生学习方法的训练，需要研究的内容丰富多彩。比如：文体阅读的基本方法，文章阅读的基本技能与技法，立足学生发展的基本学习方式，学生独立学习与探究时的基本思维形式，学科学习中的创新思维，学生终身发展所必需的最优秀的学习品质的训练等。

我们的学生，在具体的学法上需要得到的训练内容太多了。比如：学会做笔记，学会摘抄，学会做批注，学会整理，学会比较，学会归纳，学会做提要，学会提炼，学会质疑，学会发现，学会查询，学会评价，学会收集资料，学会横向联系进行思考等。

所以，教师要在课堂教学中加强并落实对学生学习方法的指导与训练。

（1）注意随文点拨。如《猫》的课后练习"思考探究一"：作者笔下的三只猫，特点不同，命运各异。默读课文，直接摘录或自己概括相关内

容，填写表格。教学之中，教师点拨：运用表格，是一种有效的学习方法，能够帮助我们梳理文脉，厘清思路，分析层次，提取要点。本课的表格，《植树的牧羊人》《纪念白求恩》的课后表格，都说明了这一点。随文点拨，可以让学生在课堂中不断获取新的知识。

（2）顺势进行迁移。如《走一步，再走一步》，课文旁边已经有了教材编者的一些批注。有一条批注是：写外在行为表现，实际在写心理状态。教师抓住这一条批注，顺势让学生默读课文，品味词句，继续发现，在课文中运用正面描写与侧面描写手法表现心理活动的句段旁边进行批注。并点拨学生，此时我们进行的训练，既是学习批注，也是在进行规律的发现与提炼，而且是在实践着一种专项研读的学习方法。顺势迁移，教师便有了更加宽阔的训练视野或更加细致的训练角度。

（3）设置训练活动。如《老王》的教学，请学生品析课文第一段的作用：" 我常坐老王的三轮，他蹬，我坐，一路上我们说着闲话。"学生发言之后，教师引导学生进行小结：这样形式的开头，常常起着设置故事情境、表现人物关系、为故事的展开做好铺垫的作用。然后引入并请学生分析《背影》《散步》《我的老师》《阿长与山海经》等课文的第一段，训练学生运用横向联系的思维方式进行观察与提炼，从而提高发现规律性知识的能力。

设置活动能确保最有力的学法训练。比如在活动中落实要点概括、特点归纳、创意组合、归类积累、圈点批注、比读联读、举例印证、对比辨析、规律提炼、联想想象等能力与方法的训练；还可以进行速读浏览、诗文联读、一段多读、学会做笔记、善于摘抄、课中集美、从标题入手读文章、从结尾入手读文章等多种阅读方法的训练。

另外，创新课型，设计专题的学法指导课，也是我们研究与探索的重要方向。

77. 灵活运用教学策略

任何一位教师，不论教什么学科，都应有教学技能。

有的人比较武断地说，"教什么"永远比"怎么教"重要。这样的话未免偏颇。

新课标高度强调了语文教师的教学技能：

> 教师应确立适应社会发展和学生需求的语文教育观念，注重吸收新知识，不断提高自身的综合素养。应认真钻研教材，正确理解、把握教材内容，创造性地使用教材；积极开发、合理利用课程资源，灵活运用多种教学策略和现代教育技术，努力探索网络环境下新的教学方式；精心设计和组织教学活动，重视启发式、讨论式教学，启迪学生智慧，提高语文教学质量。

要求教师"灵活运用多种教学策略"这句话实在说得好，从很高的层面上对语文教师提出了更好地运用教学技能、教学方法的要求。

原来，我们仍然需要高度关注"怎么教"。

语文教师在教学中"灵活运用多种教学策略"，就是灵活运用多种教学方法、手法、手段和技巧。这种运用要求做到自然得体、平实高雅、富有机趣、饶有作用。其目的还是让学生有兴趣地、有方法地、有效率地、智慧地学习语文。

教学策略的运用，在日常教学中，呈现出不同的"档次"。

一是毫无策略，如整节课的教学没有方法与活动的变化，只有简单繁复的"碎问"。

二是平俗策略，如脱离课文，要求学生说空话、说套话、谈感悟，做低效甚至无效的迁移拓展。

三是简单策略，如常常用"这个词能不能删去，为什么"这样的方式让学生品析字词，方法单一。

四是高效策略，如用"变读为写""以写带读""读写结合"的方法，让学生在综合的学习活动中习得语言，锻炼技能。

高效的教学策略讲究有效有味、灵活多姿、事半功倍、一举多得的教学效果，需要教师动脑筋、想办法、做尝试，以求既有真正的实效，又能让学生愿意做、喜欢做。

如笔者对《乡愁》的教学，运用了"诗歌联读"的教学策略。

用席慕蓉的《乡愁》开讲：

乡　愁

／席慕蓉／

故乡的歌是一支清远的笛
总在有月亮的晚上响起
故乡的面貌却是一种模糊的怅惘
仿佛雾里的挥手别离
别离后
乡愁是一棵没有年轮的树
永不老去

中间穿插余光中的《乡愁四韵》片段：

给我一瓢长江水啊长江水
酒一样的长江水
醉酒的滋味
是乡愁的滋味
给我一瓢长江水啊长江水

用非马的《醉汉》收束教学：

醉　汉

/ 非马 /

把短短的巷子

走成一条曲折回荡的

万里愁肠

左一脚　十年

右一脚　十年

母亲啊　我正努力

向您　走来……

运用这种教学手法，一能渲染教学氛围，美化诗歌教学的课堂结构；二能增加教学厚度，激发学生的兴趣，丰富学生的积累；三能形成共振效应，衬托《乡愁》的教学主体。这样就增加了教学的美感，丰富了学生的实践活动，使学习与训练的过程更有情致，更有诗意。

一种教学策略或者手法的运用，需要遵循"偶尔可用，不可常用"的原则，如果对一种所谓的手法乐此不疲地使用，也会流于形式、走向俗套。在教学策略的运用上，我们要常教常新。

78. 克服弱点，优化细节

优化教学细节，是为了教学过程的得体、规范、简洁、雅致。

就教学而言，细节不大可能决定成败，但细节能够表现水平，显示深度。非常关注自己教学细节的优化，是一个教师走向成熟的良方。

优化细节的比较好的方法，是知道什么是教学细节中的弱点，然后有意识地克服它。

下面罗列的，是在一般的教学情境下，语文教师在课堂上需要改进的细节方面的弱点。

（1）以次为主，导入冗长，音像并用，不着边际，有时长达5分钟。

（2）经典课文、名篇、著名作家的作品、难度大的文言诗文的教学，不进行教学铺垫，不介绍作家作品的背景材料，直接上课。

（3）不切分教学的过程与步骤，只将一种教学形式用到底，连教学的"过渡语"都没有，对重点、难点的教学活动不做示例、不做小结、不讲析。

（4）一节课用几十次、上百次的提问来进行教学，由于满堂问而无法将教学内容深入到、切入到课文的任何一个片段，或任何一个知识点。

（5）很少进行语言学用教学，对课文中的雅词、成语、句式、段式熟视无睹，不设计有效的活动让学生进行语言学用实践。

（6）随意朗读，讲到什么地方就在那个地方随机地选一个词、一个短语或一个句子让学生"朗读"，这就是司空见惯的"碎读"教学现象。

（7）不提示学生做课堂笔记，不设法让学生动笔抄点什么，写点什么，记点什么，批注点什么。

（8）常常陷入"离开课文进行教学"的迷宫，不引导学生对课文进行概括、品析、欣赏、评注，而是旁逸斜出说空话。教学《致女儿的信》，花很长时间讨论"什么是爱情"。教学《台阶》，让学生讨论"怎样才能不像父亲这样受苦"。

（9）教学过程不沉静，有事无事地号召学生"给他掌声"。习惯性地运用所谓小组合作的方式，让一部分学习能力比较弱的学生失去写字、识词、读书、背诵、写句、听记的时间与机会。

（10）课堂学习中不舍得给学生成块的时间深入研读课文和静心思考问题，甚至有"小气"的教师说："给你们30秒时间，赶快思考。"

（11）教师自己在课堂上安静不下来，话多，话碎，语言啰唆重复，不仅重复自己的话，也重复学生的答问。有的教师，在学生安静思考、写作时也不断插话，打扰学生。

（12）在能够发表自己见解的学生面前，教师在对话上表现出明显的弱势——学生说一句话、一段话，而教师只能对学生说"很好"两个字。有时一节课中教师要重复许多次"非常好""很好"，连如何变化着点评都不去考虑。

（13）常常就一位同学的朗读进行"牵连不断"的单个评说活动。其做法是请一位同学朗读几句话，然后请第二位同学评一评，接着请第二位同学再读一读，第三位同学再评一评……于是，整个班级的学生在这样低效的细节中消耗时间。

（14）教师与一个一个学生对话的频率过高，次数过多，缺少学生集体地深入学习、品味、探究的活动过程。

（15）无论教学什么文体的课文，都是用同样的语言表达，特别是教学小说、诗歌、散文时，教师说不出带有明显文体知识特征的"术语"，有时连"描写"二字都听不到。

（16）习惯于显性、硬性的所谓"思想情感教育"。教学与亲情有关的课文，就让学生"对妈妈说一句话"，或"对爸爸说一句话"，或"对奶奶说一句话"……

79. 在教学中穿插一点文人雅语

在教学中穿插一点文人雅语,既能表现教师视野的开阔和积累的丰富,又能增添教学的厚度与雅趣,还能够表现教师的教学设计技巧。如下面各例:

有一种画轴,且细且长,静静垂于厅堂之侧。它不与那些巨幅大作比气势、争地位,却以自己特有的淡雅、高洁,惹人喜爱。在我国古典文学宝库中,就垂着这样两轴精品,这就是宋苏东坡的《记承天寺夜游》和明张岱的《湖心亭看雪》。(摘自《名作欣赏》1983 年第 3 期 梁衡《秋月冬雪两轴画——＜记承天寺夜游＞与＜湖心亭看雪＞的写景欣赏》)

这一段话,运用比兴手法,高度评价了名作《记承天寺夜游》和《湖心亭看雪》。教师可以将它作为一种优美的富有情致的导入语,用于《湖心亭看雪》的教学中,同时可以利用课文训练学生的赏析能力。

(在黄州)他给天下写出了四篇他笔下最精的作品。一首词《念奴娇·赤壁怀古》,两篇月夜泛舟的前、后《赤壁赋》,一篇《记承天寺夜游》。单以能写出这些绝世妙文,仇家因美生妒,把他关入监狱也不无道理。(摘自林语堂《苏东坡传》第十六章)

苏东坡这位天纵大才,所给予这个世界者多,而所取自这个世界者少,他不管身在何处,总是把稍纵即逝的诗的感受,赋予不朽的艺术形式,而使之长留人间。(摘自林语堂《苏东坡传》第十六章)

这两个语言片段,前者可以作为课文背景的一则铺垫材料来运用,后者可以作为课文教学的收束语来运用。前后呼应，表现厚重的文学味、文化味，给课文教学增加了浓郁的情感色彩。

  面对苦难，我们应抱有感恩之心。——曹文轩
  少年时，就有一种对痛苦的风度，长大时才可能成为强者。——曹文轩
  风景在参与小说的精神构建的过程中，始终举足轻重。——曹文轩

  以上三则语录，可运用于曹文轩的《孤独之旅》的教学。第一则用于文意把握活动之后，第二则用于人物评说活动之后，第三则用于景物描写赏析活动之后。三则语录，起着深化认识、积累知识的作用，各自都有活动之后小结的韵味，表现出教学之中穿插手法的运用，且显现出清晰的教学思路。

  那天是个半阴的天气，你死后我第一次来拜访你。我就在你的墓边竖了一株小小的花草，
  但，并不是用以招吊你的亡魂，只是说一声：久违。我们踏着墓畔的小草，听着附近的石匠钻着墓石的声音，那一刻，胸中的肺叶跳跃了起来，我哭着你，不是哭你，而是哭着正义。
  你的死，总觉得是带走了正义，虽然正义并不能被人带走。（摘自《光明日报》2017年6月21日 萧红《拜墓》）

  这是萧红在1937年写的诗，选这个片段作为萧红《回忆鲁迅先生》的教学结语，既与课文内容紧密契合，又因为轻声朗读诗句能传达出一种深切的追念之情，给课文学习留下一缕深长的余味。

  在教学中穿插一点文人雅语，需要教师有广泛的阅读与丰富的积累。记得笔者在教学《孤独之旅》之前，曾经研读了与曹文轩作品有关的大量学术文献：《论风景描写在曹文轩儿童小说中的作用》《曹文轩纯美小说的语言艺术》《论风景描写在曹文轩儿童小说中的作用》《曹文轩成长小说乡土抒情的美学风格》《论曹文轩成长小说中的流浪情结》《浅论曹文轩小说的画面描写艺术》……并由此而触发教学设计的灵感。

80. 提高教师教学语言的质量

在语文教师课堂教学用语研究方面，好像从来没有"行业"标准。语文教师的课堂语言，平实的话语多，家常的话语多，重复的话语多，零碎的话语多。如果观察课堂教学中教师对学生发言的评价语，基本上都是单调贫乏、内容雷同、缺少知识含量的。

优化教师的课堂语言，提高教师课堂语言的质量，有不同的方式方法。一个比较好的方法是，在教材研读中观察、学习，看教材的编辑是如何运用教学语言的。

如果在研读教材时，在备课中，注意到向教材编辑在课前预习、课中评点、课后练习中所运用的语言学习，那么，很多语文教师都有用最便捷的方法提升课堂语言质量的可能——因为我们几乎天天都要用教材。

学习的角度主要有3个。

（1）语言表达的清晰简明，如《女娲造人》的"阅读提示"：

> 人类童年时期，对自然界许多现象还缺乏科学的认识，就想象出各种解释，由此便产生了神话。女娲造人的故事，就是汉民族祖先对人类起源的一种神奇的想象。本文是根据古代有关记述改写的，原来的记述像只有枝干的树木，而本文却像枝叶繁茂的大树。对照下面《风俗通》里的记载，看看课文主要增添了哪些内容，哪里最能见出作者的想象力；又做了怎样的删减，为何要这样处理。

这段阅读提示语内容丰富、容量饱满。它由宏观到微观，由远及近，层层推进，思路清晰，融知识性、生动性和指导性于一体，很需要语言表达的功力。

（2）语言表达的优美雅致，如《散文诗二首》的"阅读提示"：

散文诗有诗的情绪与想象，像诗一样精粹、凝练，但不像诗歌那样分行与押韵，而是以散文形式呈现。这两首散文诗通过描写金色花、荷叶、红莲等物象寄托情感，篇幅短小，情感细腻，语言清新雅致。所不同的是，《金色花》写想象之事，以儿童的视角表达对母亲的依恋；而《荷叶　母亲》则写现实与联想，以荷叶比喻母亲，赞颂伟大的母爱。你更喜欢哪一篇？与同学谈谈你的阅读感受。

这一段话，同样层次清晰，清新优美，自然圆润。其语言优美，知识非常丰富，评价语简明准确，阐释的话要言不烦，对学生的阅读指导十分明确。

（3）语言表达的专业水平，如《唐诗五首》的"积累拓展"：

品读诗句，想一想它们描写的景物各有什么特点，体会诗人的取象之妙和造句之工。

如《春》的"朗读指导"：

朗读并背诵全文。找出你喜欢的段落，标出语句中的重音和停连，在小组里朗读，互相评价。

如《古代诗歌四首》的"预习要求"：

学习古诗文要反复诵读，注意读准字音，读出节奏，读出韵律，感受诗歌的声韵美。

如《散步》的"思考探究"：

本文以叙事为主，其中穿插了一些写景的语句，把它们找出来，品味这些景物描写的作用。

如《走一步，再走一步》的"课文评点"：

交代自己身体状况，埋下伏笔；写外在行为表现，实际在写心理状态；进退两难，孤立无援，心理描写细腻真实……

上述语句中有大量的教学术语，这是很多语文教师在日常教学中不擅长表达而又确实非常需要表达的内容。教学语言中缺少术语是语文教师的短板之一。教材这样编写，对我们教师而言，既是示范，又是警示。

图书在版编目（CIP）数据

余映潮谈阅读教学设计 / 余映潮著. —北京：中国人民大学出版社，2019.7
ISBN 978-7-300-27109-5

Ⅰ.①余… Ⅱ.①余… Ⅲ.①阅读课-教学设计-中学 Ⅳ.①G633.332

中国版本图书馆CIP数据核字（2019）第138295号

余映潮谈阅读教学设计
余映潮 著
Yu Yingchao Tan Yuedu Jiaoxue Sheji

出版发行	中国人民大学出版社		
社　　址	北京中关村大街31号	邮政编码	100080
电　　话	010-62511242（总编室）	010-62511770（质管部）	
	010-82501766（邮购部）	010-62514148（门市部）	
	010-62515195（发行公司）	010-62515275（盗版举报）	
网　　址	http://www.crup.com.cn		
经　　销	新华书店		
印　　刷	北京华宇信诺印刷有限公司		
规　　格	720毫米×1000毫米　1/16	版　次	2019年7月第1版
印　　张	14　插页1	印　次	2024年11月第6次印刷
字　　数	210 000	定　价	58.00元

版权所有　侵权必究　印装差错　负责调换